Die Stadt des Westfälischen Friedens schmückt sogar ihre Kanaldeckel mit der Friedenstaube.

Der Bau eines Klosters (Monasterium!) – 793 – markiert die Anfänge der späteren Stadt.

Die Größe beträgt 302,8 Quadratkilometer, Münster ist damit nach Köln die flächengrößte Großstadt in Nordrhein-Westfalen.

Die kommunale Neuordnung des Jahres 1975 hat die Stadt um 228 Quadratkilometer und 62 000 Einwohner wachsen lassen. – Die Einwohnerzahl beläuft sich auf rund 280 000, die Zahl der Studierenden auf mehr als 50 000 in sechs Hochschulen.

Münster ist Sitz des Landschaftsverbandes Westfalen-Lippe (bis 1953 Provinzialverband) und der Bezirksregierung, des Verfassungsgerichtshofes für Nordrhein-Westfalen sowie vieler Oberbehörden, Kammern und Verbände, Sitz des Bistums und des evangelischen Kreiskirchenamtes.

Münster unterhält zehn Städtepartnerschaften in neun Ländern.

Eigenschaften, die Münsteraner selbst ihrer Stadt zuschreiben: traditionsverbunden, gemütlich, gepflegt, gastlich und – teuer.

Münster

Ein Porträt in Bildern

von
Erhard Obermeyer
und
Andreas Lechtape

Aschendorff Verlag Münster

Seite 2:
„Lichtklänge" nannte sich dieses optisch-akustische Gesamtkunstwerk zur Verleihung des Westfälischen Friedenspreises 2002. Beteiligt waren Lichtdesigner Lutz Gock, Lamberti-Organist Professor Tomasz Adam Nowak und Klangfachmann Burkhard Fincke. Sie erzählten in Bildern und Tönen von Krieg und Frieden.

Seite 3:
Das stilisierte Rathaus hat 1973 der Grafiker Günter Schmidt (2001 gestorben) entworfen. Dieses Münster-Logo, das ihn bekannt machte, ist zum vielfach verwendeten Klassiker geworden.

Geschätzte 450 000 Besucher zog das Eurocityfest 2002 an vier Tagen an, die sich u.a. an dieser Show-Artistik ergötzen konnten.

Auf einen Blick

Eine Stadt für Kopf und Herz

Kundige Stadtführer lotsen Besucher und Münsteraner gleichermaßen durch die Sehenswürdigkeiten der Stadt.

Münster polarisiert. „Die Stadt Münster ist die Vollendung der Landschaft ringsum und zugleich ihre Auflösung." – so der Schriftsteller Werner Bergengruen. „Von den Städten, die im vorgezogenen Ruhestand leben, ist Münster die schönste." – Dr. Walter Fricke, Oberkreisdirektor in Aachen und früherer Fraktionsvorsitzender der SPD im münsterschen Rat. „Münster ist ein Dorado für Spießbürger." – Wilfried Weustenfeld, dessen Artikel „Cavete Münster!" von 1958 zur Gründung der Urmutter aller Studentenkneipen führte, der „Cavete". Wer hat Recht? Keiner? Alle drei? Vielleicht. Münster hat viele Facetten, unterscheidet sich wohltuend von anderen deutschen Einheitsgroßstädten und hinkt ihnen in vielem hinterher.

Vorurteil Nr. 1:
In Münster läuten ständig die Glocken – im Bild die Rats- oder Brandglocke von 1594 auf dem Lambertiturm, die nach alter Tradition bei der Konstituierung eines neuen Rates geläutet wird.

Münster erzeugt Vorurteile. Das berühmteste: „In Münster läuten die Glocken, oder es regnet. Und wenn beides zusammentrifft, ist Sonntag." Die Statistik spricht eine andere Sprache: Münster hat weniger Regentage als Aachen und mehr Sonnentage als Köln. Aber Vorurteile müssen gepflegt werden.

Münster als Lehrbeispiel. Mit dem Wiederaufbau nach dem Zweiten Weltkrieg fielen Deutschlands zukunftsorientierte Architekturprofessoren über die stockkonservativen Paohlbürger in Münster her, die den alten Geist ihrer im Bombenhagel untergegangenen Heimatstadt wiederbeleben wollten. Angesichts von tristem Einheitsbeton an Rhein und Ruhr hat sich längst die Erkenntnis durchgesetzt, dass die Münsteraner der Stunde Null das Richtige getan haben – sie haben ihrer Altstadt wieder eine Seele gegeben. Vielleicht ist es das, was die Stadt für Auswärtige und Einheimische so anziehend macht.

Vorurteil Nr. 2:
In Münster regnet es ständig.

Münster ist Entdeckungsfeld bei Stadtführungen mit Auswärtigen und Einheimischen zugleich, Stadtführer loten die Dimensionen der Stadt aus, blättern in der Vielfalt, stöbern in der Geschichte, freuen sich über gepflegte Kleinigkeiten, die beim hastigen Vorbeieilen leicht übersehen werden.

Münster will in diesem Buch Münsteraner und Gäste einladen auf eine Tour durch seine Vielseitigkeit, das Bild-Buch möchte scheinbar Vertrautes aus einer anderen Sicht zeigen, auf liebevolle Details weisen, die vielleicht selbst Paohlbürgern nicht bekannt sind.

Münster steckt voller Merkwürdigkeiten, hat Josef Bergenthal ein Buch betitelt. Des Merkens würdig – das ist Münster.

Den nachhaltigsten Raumeindruck gewinnt der Betrachter, wenn er von der Mitte des Prinzipalmarktes aus den Blick nach links und nach rechts wandern lässt.

Der Name ist Programm. Der Prinzipal ist der Erste, der Vornehmste, der Leitende. Dieser Rang kam und kommt dem Prinzipalmarkt zu, der mit diesem Namen 1579 erstmalig belegt ist. Aber auch die ältere Bezeichnung Forum summum sagt schon nichts anderes aus. Dieser Hauptmarkt war größer als Roggenmarkt und Fischmarkt, vereinte alle wichtigen städtischen Funktionen vom Rathaus bis zum Pranger, von der Stadtwaage bis zum Stadtbierkeller und Stadtweinhaus. Der Prinzipalmarkt ist immer noch die Visitenkarte der Stadt, deretwegen die Besucher nach Münster kommen. Die historischen Häuser sind dahin, der Zweite Weltkrieg setzte eine krasse Zäsur. Der Wiederaufbau hat jedoch den Charakter des Prinzipals gewahrt. Seine Funktion ist auch heute noch bestimmend für die Stadt, er ist beliebteste Einkaufsstraße und beliebtester Festplatz zugleich. Eben das Herz der Stadt.

Einer der wenigen erhaltenen Giebel: Prinzipalmarkt 23, vom Architekten Alfred Hensen 1925 mit dem nach ihm benannten Hensen-Bogen individuell gestaltet.

Gute Stube gilt als Synonym für den Prinzipalmarkt: Seit wann? Darauf gibt es keine eindeutige Antwort. Sicher ist, dass der Ausdruck nicht historisch bekundet ist, nicht historisch sein kann. Weil eine gute Stube in früheren Zeiten eben nicht das Kommunikationszentrum einer Familie, eines Hauses war: Sie wurde nur an Sonn- und Feiertagen genutzt und war besonderen Gästen vorbehalten. Darauf hat der Stadthistoriker Karl-Heinz Kirchhoff aufmerksam gemacht. In älteren Abhandlungen werden andere Begriffe eingesetzt – größter Freilichtsaal der Welt, auch Freilichtfestsaal, Herzkammer. Kirchhoff vermutet, dass wohl ein findiger Journalist die „gute Stube“ erfunden haben könnte. Im Übrigen: Durch diese gute Stube fuhren bis vor einigen Jahren mehr als tausend Busse pro Tag. Was dem Prinzipalmarkt den Spottnamen „Schönster Busbahnhof der Welt“ eintrug.

Einer der wenigen erhaltenen Giebel: Prinzipalmarkt 48, eine prachtvolle Renaissance-Fassade von 1627. Der Nachbargiebel (links) Prinzipalmarkt 47 wurde 1898 im Stile der Neorenaissance nachempfunden.

Jeder Stein ein Original: 1907 wurden Münsters Altstadtstraßen neu gepflastert, um die Stadt für den Besuch von Kaiser Wilhelm II. adrett herzurichten. Die schwedischen Granitblöcke können bis zu acht Kilo auf die Waage bringen.

Der Fuß stockt: Die dicken Pflastersteine des Prinzipalmarktes werden durch ein Fenster unterbrochen, unter dem Wasser sichtbar wird. Wasser aus einem alten Brunnen des Prinzipalmarktes, der möglicherweise schon zu Zeiten der Wiedertäufer genutzt wurde. Wasser vermischt mit Wasser aus dem biblischen Jordan. Mit diesem Zeitzeichen will der Aktionskünstler Adolph Knüppel auf die kurze, heftige Herrschaft der Wiedertäufer aufmerksam machen: Die Fenster in die Geschichte liegen im Pflaster vor den Häusern 29 und 41, in denen 1534 die Bürgermeister Gerhard Kibbenbrock und Bernhard Knipperdollinck wohnten.

Manfred Niemann hängt im Rathausbogen die Ampel auf, bezeichnenderweise mit dem Friedensreitermotiv.

Bummeln unterm Bogen – das ist mehr als spazieren gehen, Schaufenster gucken oder Einkäufe erledigen. Bummeln unterm Bogen ist für so manchen Münsteraner eine Kulthandlung: An der Westseite des Prinzipalmarktes 233 Meter lang (laut Vermessungsamt) hochgehen und an der Ostseite wieder herunter, oder umgekehrt. Dieses Bummeln einmal am Tag, bevorzugt mittags, ist ein Muss! Man möchte sehen und gesehen werden. Hektik passt nicht dazu.

Unterm Bogen bietet zugleich die exquisite Warenauslage eines einzigartigen Kaufhauses, deretwegen wagemutige Käufer stundenweit anreisen. Es ist eben etwas Besonderes, an der feinen Adresse Prinzipalmarkt einzukaufen. Und diese feine Adresse in ihrer guten Stube schmücken die Münsteraner, im Sommer mit Blumenampeln, zum Herbst hin mit Bilder- und Scherenschnittampeln.

Diese Arkaden (seit 1386 „under den Bogen“ genannt) entstanden nach 1300, damit die Häuser in den Straßenraum hinein erweitert werden konnten. Bezeichnenderweise blieb der Gang von 3,50 Metern Breite im Eigentum der Stadt.

An der Pracht dieses romanischen Ziersteins (beim Haus Nr. 44) – er soll von einem Wohnhaus vom Ende des 12. Jahrhunderts stammen – lässt sich der einstige architektonische und bildnerische Reichtum des Prinzipalmarktes ablesen.

Unterm Bogen – weder Arkaden noch Kolonnaden noch Säulengang noch Passage oder Galleria

Vorher: Der Fassadenaufriss der Westseite des Prinzipalmarktes im Jahre 1939 vor der Kriegszerstörung

Die Seele der Stadt gerettet

Der Grad der Zerstörung war so unermesslich, dass 1945 den Menschen ein Wiederaufbau erst nach Jahrzehnten möglich erschien.

Es war eine Geisterstadt, die amerikanische Truppen Ostermontag (2. April) 1945 besetzten. 102 Luftangriffe hatten eine nahezu unbewohnte Trümmerwüste hinterlassen, innerhalb der Promenade hatten nur wenige Menschen ausgeharrt. Eindrucksvoll die Aussagen von Augenzeugen, die am Bahnhof ausstiegen: Der Blick wurde durch nichts aufgehalten, er konnte bis zum Schloss durchdringen. Münster galt als verloren.

Die Verantwortlichen in der Stunde Null trafen zwei glückhafte Entscheidungen. Die Idee, die Stadt draußen im Westen neu zu gründen, wurde rasch verworfen. Um die zweite Weichenstellung wurde intensiv gerungen: Münsters Altstadt sollte ihre historischen Strukturen, den Verlauf der Straßen, den Zuschnitt der Parzellen weitgehend behalten. Zudem wurden für das engere Zentrum Grundrezepte für den Wiederaufbau festgesetzt – Giebel und Bogengänge, Sandstein und rote Ziegel als Baumaterialien wurden den Bauherren, den Kaufleuten, empfohlen. Als Leitbild diente die 1913 beschlossene Ortssatzung des Prinzipalmarktes. Touristen, die erstmals die Stadt besuchen, empfinden Prinzipalmarkt und Drubbel, Roggenmarkt und Rothenburg als historisch: Die Giebel sind den historischen Vorbildern vereinfacht nachempfunden, in den Höhen angeglichen, gelegentlich auch zu schlicht geraten – es ist die architektonische Handschrift der Jahre um 1950 herum. Dieser Stil hat den Charakter des Prinzipalmarktes über die totale Zerstörung hinweg bewahrt, hat die Seele der Stadt gerettet.

Nachher: Die gleiche Häuserreihe nach dem Wiederaufbau im Jahre 1952

Das detailgetreue Modell eines typischen Handels- oder Hansehauses, des Hauses Prinzipalmarkt 11 (Haus Ostendorff), im Stadtmuseum: Der Fernhändler Gert Kerckerinck hatte 1502 die spätgotische Fassade errichten lassen. Das Haus teilt sich in Lager und Festsaal, Kontor und Verkauf. Das Hinterhaus diente als Wohnhaus der Kaufleute.

Haus Ostendorff: 1979 wurde der obere Teil des zerbombten Giebels rekonstruiert nach dem dokumentierten Vorbild Roggenmarkt 11.

Der Städtebund der mittelalterlichen und frühneuzeitlichen Hanse bescherte Kaufleuten und Städten Wohlstand und Reichtum – Münster wuchs zur mächtigsten Hansestadt Westfalens, verdrängte sogar Köln als Vorort des westfälischen Drittels. Seine Kaufleute waren früh schon in der Gewinn bringenden Ostseefahrt aktiv, handelten bis nach Skandinavien und zum Baltikum. Offiziell taucht der Name Münsters erstmals 1229 bei einem Handelsvertrag mit dem Fürsten von Smolensk auf, die Kaufleute gehörten zu den Unterzeichnern. Sprichwörtlich für die Wirtschaftskraft der Stadt ist die „Große Stube von Münster" in Riga als Gildehaus der Kaufleute. Diese abenteuerlustigen Kaufleute zeigten Rang und Reichtum nach außen: Ihre Häuser mit ihren stolzen Schaugiebeln waren zugleich die Visitenkarte ihres Handels-Hanse-Hauses.

1993, zur 1200-Jahr-Feier der Stadt Münster und zum 13. Hansetag der Neuzeit, verewigten sich alte Hansestädte in der Salzstraße.

La Ola mit Bischof Dr. Reinhard Lettmann, Oberbürgermeister Dr. Berthold Tillmann und Festorganisator Steffi Stephan (li.).

Posieren für den Fotografen in alten Kostümen

Traditionelles Handwerk wird stets bestaunt.

Die Kulisse der Altstadt ist für das Gelingen von Festen, wie dem Euro-City-Fest, schon die halbe Miete, wenn sich Hunderttausende unterhalten lassen.

„Sowohl mit als auch ohne Regen und Kirchenglocken eine überaus attraktive Stadt, charaktervoll und durch und durch europäisch.“

Frido Mann,
Schriftsteller und
Großneffe von
Thomas Mann

Speisen und trinken in einem der schönsten städtischen Freilichtfestsäle oder eben auch der viel zitierten „guten Stube“ und dabei sehen und gesehen werden – dieses Erlebnis hinterlässt bei Besuchern nachhaltige Eindrücke.

Onkel Willi ist der einzige amtlich beglaubigte Freiluftbewohner des Prinzipalmarktes: Der Straßenmusiker, mit bürgerlichem Namen Klaus Reinhardt, hat vom Oberbürgermeister die Genehmigung, auf der linken steinernen Bank unter den Rathausbögen musizieren zu dürfen.

„Hier war keine Chance für den modernen Städtebau."
EDMUND SCHARF, Städtischer Baudirektor, 1956

Das Wappen der Stadt Münster – Gold, Rot, Silber –, von einem Greifen gehalten, findet sich gleich zweimal am Rathausgiebel. Es geht zurück auf das Bistumswappen, das seit 1300 mit Rot, Gold, Rot gestaltet ist. Ein doppelköpfiger Adler am Rathaus weist auf die Reichsmacht hin. Eine Interpretation als Symbol vorweggenommener Reichsfreiheit der Stadt ist wohl eher Spekulation.

Sieht alt aus, ist es aber nicht: Der Figurenfries am Rathaus wurde beim Wiederaufbau frei süddeutschen Vorbildern nachempfunden.

Bis 1872 war die Preußische Halbe Ruthe, die an der Rathauswand zu sehen ist, das amtliche Längenmaß. Eine Rute entsprach 3,766 Metern.

Das Rathaus besticht durch den wohl schönsten spätgotischen Schaugiebel und zugleich durch seine dominierende Lage am Markt – der Bürgermeister hatte (übertragen) den Bischof am Ende des Domplatzes im Blick. Dieses städtebauliche Ausrufungszeichen spricht für das Selbstbewusstsein der Bürgerschaft. Der erste Bau wird in die zweite Hälfte des 12. Jahrhunderts datiert, und zwar als steinerne Ratsstube im rückwärtigen Teil des Grundstückes. Gegen Ende des 14. Jahrhunderts (nach Kirchhoff zwischen 1380 und 1400) wurde der prachtvolle Schaugiebel am Prinzipalmarkt errichtet, Symbol für Rang und Reichtum der Stadt und für die städtische Selbstverwaltung. Die Fassade und ihre Figuren wurden mehrfach überarbeitet, so fiel einer Restaurierung Anfang des 19. Jahrhunderts die ursprüngliche Bemalung zum Opfer. Bis dann britische Bomben am 28. Oktober 1944 dieses Hauptwerk der gotischen Profanbaukunst vernichteten.

„Hoch in den Himmel empor reckt das herrliche Rathaus den Giebel. Würdige Väter der Stadt tagen im festlichen Saal."

Fabio Chigi, Päpstlicher Friedensgesandter

Die Figuren auf dem mehr als 31 Meter hohen Rathausgiebel sind Teil eines großen theologischen Programms. Rechts ist ein spähender Wächter zu sehen, in der Mitte der Prophet Elia und oben ein musizierender Engel.

Was am Prinzipalmarkt 10 steht, ist eine Kopie des historischen Rathauses. Die Architektur wurde getreu der alten Vorlage wieder errichtet, auch die wichtigsten Skulpturen entsprechen ihren Vorgängern.

1956 wurde das Rathaus wieder eingeweiht, nachdem 1950 auf Initiative des Vereins der Kaufmannschaft der Grundstein für den Wiederaufbau gelegt worden war. Die gesamten Kosten wurden durch Spenden von der Bürgerschaft aufgebracht, Rathauslotterien fanden großen Zulauf. So wurde das Rathaus wieder ein Haus der Bürger.

Es muss ein denkwürdiger Moment des Aufbruchs gewesen sein, als inmitten eines riesigen Trümmerfeldes am 24. Oktober 1948 die 300-Jahr-Feier des Westfälischen Friedens in dem in der Rathausruine wieder installierten Friedenssaal begangen wurde: Sein wertvolles Inventar wurde bereits 1942 in düsterer Vorahnung des Bombardements ausgelagert.

Das Rathaus ist leuchtendes Symbol der städtischen Demokratie. Seit 1988 steht es in der Denkmalliste.

Der Friedenssaal besticht durch seine kostbare und detailreiche Vertäfelung, deren Entwurf dem münsterschen Maler Hermann tom Ring (1521–1596) zugeschrieben wird. Das Schnitzwerk stammt vom Jahre 1577, wie eine kleine Tafel ausweist (so der Historiker Otto-Ehrenfried Selle), und entspricht dem Stil der Renaissance. Die Darstellungen sind teils volkstümlich, teils drastisch belehrend.

Dieser Spruch, der von der Stirnwand aus zu lesen ist, erinnert daran, dass der historische Ratssaal auch Richterkammer war.

Zum Glück – das Inventar des Friedenssaales war frühzeitig (1942) ausgelagert worden, so dass es von Bomben verschont blieb. 1948 wurde in dem Saal die 300-Jahr-Feier des Westfälischen Friedens begangen.

Pax optima rerum – 1648, nach 30 Jahren Krieg, wurde den Menschen in einem verwüsteten Deutschland der Frieden verkündet, der Westfälische Frieden, der zu Münster und Osnabrück geschlossen worden war. Während der fünfjährigen Friedensverhandlungen muss die Stadt von Menschen gewimmelt haben. Zahlreiche Gesandte (Stadtarchivar Helmut Lahrkamp weiß von 230 Namen) bezogen mit ihren teils vielköpfigen Gefolgen Quartier innerhalb der Mauern, hinzu kamen Händler und Komödianten, Glücksritter und viele Fremde. Am 15. Mai 1648 wurde der Teilfriede zwischen Spanien und den niederländischen Generalstaaten beschworen.

Der berühmte Goldene Hahn (um 1620 vom Nürnberger Goldschmied Jörg Ruel gefertigt) trägt das Stadtwappen zwischen seinen Füßen. Der Überlieferung nach geht er auf eine märchenhafte Begebenheit zurück: In der belagerten Stadt wurden die Nahrungsmittel knapp, so dass der letzte Hahn gejagt wurde, der in seiner Not auf die Stadtmauer flog. Worauf die Belagerer staunten: „Da geht ja das Federvieh noch spazieren, die Bewohner können keine Not leiden."

Ein Schmuckstück, die Kette des Oberbürgermeisters von 1861, wie auf dem oberen Medaillon zu lesen ist. Es trägt das Stadtwappen und den Pauluskopf. Das untere Medaillon zeigt den preußischen König Friedrich Wilhelm III., den Gründer der Städteordnung.

Oberbürgermeister Berthold Tillmann empfängt die ersten Bürger zweier Partnerstädte, Andrzej Pruszkowski aus Lublin und Meir Nitzan aus Rishon le Zion (rechts), im Friedenssaal.

Es ist eine gute Geste, dass der Oberbürgermeister gute Gäste der Stadt im symbolträchtigen Friedenssaal begrüßt und empfängt. Dabei werden nicht nur freundliche Worte und nette Geschenke gewechselt, sondern wichtigen Gästen wird der Ehrentrunk aus dem Goldenen Hahn kredenzt. Die Unterschrift im Goldenen Buch (seit 1907) schließt die Zeremonie ab. 2001 kam es zu einem Empfang von stadtgeschichtlicher Bedeutung: Die Bürgermeister der Partnerstädte Rishon le Zion, Meir Nitzan, und Lublin, Andrzej Pruszkowski, waren Gäste von Oberbürgermeister Dr. Berthold Tillmann. Die drei Städte pflegen eine Dreieckspartnerschaft.

Königin Beatrix der Niederlande verewigte sich am 24. Oktober 1998 in dem eigens für das Friedensjubiläum aufgelegten Goldenen Buch der Stadt – wie auch die anderen Staatsoberhäupter, assistiert von Oberbürgermeisterin Marion Tüns.

Das hatte Münster noch nicht erlebt: Der europäische Hochadel und die politische Prominenz versammelten sich im Friedenssaal zum Familiengipfeltreffen. Acht Königinnen, Könige und Fürsten, elf Präsidenten und ein Kardinal gedachten am 24. Oktober 1998 des Epoche machenden Friedensschlusses vor 350 Jahren. Münster war mit diesem Jahrhundertereignis für einen Tag der gesellschaftliche Mittelpunkt Europas. Die gekrönten Häupter vor allem sorgten für glänzende Augen der Schaulustigen.

Dieses außergewöhnliche Jubiläum war von einem ungeheuren Organisationsaufwand und einem nie gesehenen Sicherheitsaufgebot begleitet: Allein Spaniens König Juan Carlos rangierte unter Sicherheitsstufe „extrem".

Über den Tag hinaus schilderte eine Europaratsausstellung im Landesmuseum die europäische Dimension dieses Westfälischen Friedens, zu der alle bedeutenden Museen ihre kulturhistorischen Hauptwerke beigesteuert hatten.

Seitdem werben an der Autobahn große Schilder für das Rathaus des Westfälischen Friedens in Münster.

Die Porträts der Friedensgesandten im Friedenssaal stammen von Jan Baptist Floris, einem Gehilfen des Porträtmalers Anselm van Hulle. Es sind Kopien der Hulle-Porträts, schreibt Otto-Ehrenfried Selle.

Bei der Übergabe am 18. Mai 1993: Oberbürgermeister Dr. Jörg Twenhöven, Bundespräsident Richard von Weizsäcker und Bildhauer Eduardo Chillida (v.li.)

Sitzgelegenheit für tolerante Ideen – so titelten die Westfälischen Nachrichten, als am 18. Mai 1993 die Großskulptur des baskischen Bildhauers Eduardo Chillida der Öffentlichkeit übergeben wurde – ein Geschenk der Westdeutschen Landesbank zum 1200-jährigen Bestehen der Stadt. Zur Skulptur „Toleranz durch Dialog" war der weltberühmte Bildhauer durch die Bänke im Friedenssaal inspiriert worden – die beiden Eisenbänke im Rathausinnenhof stehen exakt parallel zu den historischen Holzsitzen des Friedenssaales.

Auch wenn die Großbänke durchaus als Sitzgelegenheit genutzt werden, sind sie natürlich nicht gerade bequem: „Sie sollen auch keine Körper aufnehmen, sondern sind für Ideen bestimmt", hatte der „Dichter des Eisens" selbst ihren Sinn definiert. Und zugleich Verständnis geäußert, dass seine sperrige Arbeit nicht bei jedem Zustimmung findet.

Die rostige Großskulptur von Eduardo Chillida (1924–2002) im Rathaushof ist ein beliebter Treffpunkt.

Der Giebel des Stadtweinhauses mit seinen charakteristischen Fialen

Angestrahlt abends leuchtet der Giebel.

Das Haus mit dem Staatsbalkon

Das Stadtweinhaus ist eigentlich ein Doppelhaus mit den Nummern Prinzipalmarkt 8 und 9, denn es beherbergte in der frühen Neuzeit sowohl die städtische Waage als auch das städtische Weinhaus. Wegen der einst erforderlichen freien Vorfahrt fehlt hier der Bogengang. 1615 wurde vom Architekten Johann von Bocholt der Renaissancegiebel errichtet, der als ein Hauptwerk der Spätrenaissance gilt. Nach dem Kriege wurde er in leicht vereinfachter Form rekonstruiert.

Auffallend an dem Gebäude ist der zweistöckige Vorbau, der Sentenzbogen, von dem im 17. Jahrhundert Urteile und auch amtliche Bekanntmachungen verkündet wurden. Hier wird hohen Staatsgästen zugejubelt – und seit Jahren ist er am Karnevalssonntag Schauplatz der närrischen Schlüsselübergabe.

Auf dem Sentenzbogen übernimmt Prinz Karneval am Sonntag vor Rosenmontag die närrische Schlüsselgewalt über die Stadt.

Für Straßentheater (hier die abenteuerlichen Vehikel von Theater Titanick) bildet der Prinzipalmarkt eine kontrastreiche Kulisse.

„Münster, für mich ist das eine Stadt ausgeprägter Individualität und Schönheit. Ich kann mir nicht vorstellen, woanders besser leben zu können.“

REINER KLIMKE, mehrfacher Olympiasieger im Dressurreiten

Pflastermaler mit dankbaren Motiven finden stets interessierte Zuschauer.

„Eine schöne, ja geradezu vornehme Stadt. Hier korrespondiert große Vergangenheit mit dynamischer Gegenwart. Beeindruckend."

Joseph Kardinal Ratzinger

Der Dom, der St.-Paulus-Dom: 1225 wurde der Grundstein für diesen dritten, spätromanischen Dom gelegt, 1264 wurde er geweiht. Der Blick vom Stadthaus I zeigt seine beherrschende, zentrale Lage in der Stadt. Die Domburg mit dem 793 errichteten Kloster ist die Keimzelle Münsters. Die Bomben des Zweiten Weltkriegs trafen die Mutterkirche des Bistums schwer, 1956 konnte sie wieder konsekriert und eingeweiht werden. Die Türme sind übrigens unterschiedlich hoch: Der Nordturm misst 57 Meter , der Südturm 55.

Von Überwasser aus hat die Kamera die Ruine des Domes festgehalten. Das spätgotische Westwerk – es war am 10. Oktober 1943 zentraler Zielpunkt der amerikanischen Bombenschützen – wurde am 30. September 1944 durch einen Volltreffer hinweggefegt: Es wurde nicht wieder aufgebaut.

Es ist schon eine grausame Ironie der Geschichte, dass ausgerechnet das Westportal des Domes zum Zielpunkt des schwersten Luftangriffs auf Münster gewählt wurde, und das ausgerechnet an einem Sonntag: Der 10. Oktober 1943 war sonnig, viele Menschen belebten die Straßen, niemand rechnete an diesem hellen Tage mit einem Angriff auf das Stadtzentrum. Es war der erste offen erklärte amerikanische Angriff auf ein nichtindustrielles Ziel: Fast 700 Menschen fanden den Tod, darunter 52 Clemensschwestern, weite Teile der Innenstadt, viele Kirchen und historische Gebäude wurden zerstört. Als der Krieg für Münster am 2. April 1945 zu Ende war, hatten die Stadt und ihre Bewohner 102 Luftangriffe erlebt, von den ersten Kriegstagen bis zum Palmsonntag (25. März) 1945, als die Stadt zum letzten Mal heimgesucht wurde. Der bereits mehrfach getroffene Dom brannte erneut.

Die gesamte Stadt glich 1945 einem chaotischen Trümmerhaufen, in dem höchstens noch 25 000 Menschen ausharrten. Insgesamt fanden etwa 1600 Menschen (Zivilisten und Soldaten) den Tod in dem Bombeninferno. Münster gehörte zu den am schwersten zerstörten deutschen Städten, die Innenstadt war zu 90 Prozent vernichtet. Fast alle kulturhistorisch wertvollen Bauten und viele Kunstschätze waren zerbombt.

Die Schuttmenge wurde auf gigantische 2,5 Millionen Kubikmeter geschätzt. Ein Teil davon wurde auf dem Hindenburgplatz zwischengelagert.

„We learned that our target was to be the front steps of Munster Cathedral."
ELLIS B. SCRIPTURE, Navigator der 95. US-Bomber-Gruppe, die am 10. Oktober 1943 den Angriff auf Münster flog

Die neue Westfront des Domes soll an romanische Vorbilder anklingen, trägt jedoch eindeutig die architektonische Handschrift der 50er Jahre.

Keller-Fenster provozieren Kunstskandal

Das historische, spätgotische Prunkportal des Domes von 1522, fotografiert vor 1873 mit dem noch nicht abgebrochenen Vorhof von Friedrich Hundt. Friedrich Hundt (1807–1887) hat der Nachwelt vom alten Münster einmalige Dokumente hinterlassen. Die Erinnerung an den Begründer der westfälischen Fotografie wird von der Friedrich-Hundt-Gesellschaft gepflegt.

Seelenbrause, Telefon Gottes, Keller-Fenster – die Ausdrücke sind zum volksmundigen Synonym für die beim Wiederaufbau neu gestaltete Westfassade des Domes geworden. Mit ihren herben Rundfenstern erinnert sie auch nicht im Kleinsten an das geradezu überschwänglich gestaltete spätgotische Portal von 1522, das 1944 vollends in Schutt sank. Natürlich sollte sich dieses schlichte Rundfenster an das große Radfenster der Romanik anlehnen, das in Spuren überliefert war: Genau das war der denkmalpflegerische Knackpunkt beim Wiederaufbau, denn an der Frage, welcher bauliche Zustand wieder hergestellt werden sollte, schieden sich die künstlerischen und kirchlichen Geister. Eine Leserbriefdiskussion engagierter Gläubiger tobte in den WN, bis sich Bischof Michael Keller mit seinem Favoriten durchsetzte.

Die eindringlichen Meistermann-Fenster in den Galenschen Kapellen des Domes wirken nur auf den ersten Blick abstrakt.

Einzigartig in der Glasmalerei: Ein Krebs aus der Urzeit mit dem fachlichen Namen „Chotecops ferdinandi“ neben Seestern und Seelilie als Zeugnis für die göttliche Schöpfung.

Sie gehören mit zum Schönsten, was der alte Dom an neuer Kunst zu bieten hat – die 17 Meistermann-Fenster in den Galenschen Kapellen, die der Kölner Glasmaler und Professor Georg Meistermann 1990 kurz vor seinem Tode vollenden konnte: „Wer hat denn die Kompetenz zu entscheiden, ob ein Kunstwerk von mir gut ist oder nicht? Keiner. Auch der Papst nicht. Bestehen muss ich vor dem lieben Gott.“

Es ist ein Kunstwerk zu Ehren des Schöpfers und seiner Schöpfung, wozu Meistermann den Lobgesang auch auf längst vergangene Geschöpfe anhebt, die in der Glasmalerei fremd und zerbrechlich wirken, auf Krebse der Urzeit beispielsweise, die vor 380 Millionen Jahren im Gebiet des Hunsrücks lebten: Künstlerisches Zusammenfügen, dass sich naturwissenschaftliche Erkenntnis und biblische Überlieferung der Schöpfungsgeschichte nicht ausschließen müssen.

Sicherlich erschließen sich die Fenster dem Betrachter nicht auf den ersten Blick, sie erfordern – wie jede große Kunst – Auseinandersetzung und Interpretation.

Ein astronomisches und technisches Wunderwerk aus dem Jahre 1542. Die Ausmalung stammt von Ludger tom Ring d. Ä.

Sie erfüllte die Funktion einer Normaluhr für Münster – lange bevor es diesen Typ überhaupt gab: Die Astronomische Uhr im Dom gab den Takt an für die anderen Zeitmesser in Münster. Deswegen musste das komplizierte Uhrwerk häufigeren Reparaturen unterzogen werden, mit wechselnden Erfolgen. Für die Menschen im 16. Jahrhundert muss diese Uhr ein wahres Wunderwerk gewesen sein, ist sie doch heute noch eine der anziehendsten Attraktionen für Besucher. Sie enthält alle Kalenderinformationen von 1540 bis zum Jahre 2071 und damit auch die für die christliche Kirche zentralen Osterdaten. Nur machte die Gregorianische Kalenderreform von 1582 die Gültigkeit ausgerechnet dieser Daten zunichte. Im 20. Jahrhundert schien das Schicksal des Wunderwerks besiegelt, es sollte aus dem Dom entfernt werden. Der engagierte Journalist und Heimatforscher Peter Werland wurde zum Retter.

Besucher müssen punktlich um 12 Uhr zur Stelle sein, wollen sie mittags den Aufzug der Heiligen Drei Könige an der Astronomischen Uhr erleben. Das komplizierte Räderwerk der Uhr wird jeweils der aktuellen Zeit angepasst.

Das Haupt des Hl. Paulus von 1230

Das goldene Kopfreliquiar aus dem 11. Jh.

Spätgotische Skulpturen vom Bildhauer Heinrich Brabender im Landesmuseum

Viele Kunstwerke des Domes haben die Jahrhunderte nicht überdauert, fielen Umbauten zum Opfer, den Bomben des Zweiten Weltkriegs und besonders der Zerstörungswut der Wiedertäufer. Wie ausdrucksstark bildhauerische Arbeiten waren und noch sind, dafür sind diese drei Beispiele Zeugen.

Das monumentale Haupt des Bistumspatrons Paulus – nicht am Dom, sondern im Landesmuseum: Es thronte ursprünglich in der Nabe des kolossalen Radfensters am Westquerhaus, wurde noch vor 1900 abgenommen und durch eine Kopie ersetzt. Glücklicherweise, denn die Verwitterungsschäden waren bereits beträchtlich. Der um 1230 entstandene Kopf gilt als hervorragendes Beispiel für die Hochblüte westfälischer Bildhauerkunst in der deutschen Kaiserzeit. Er wird dem Meister der Paradiesapostel zugeschrieben.

Das goldene Paulus-Haupt, ein Kopfreliquiar aus dem 11. Jahrhundert, empfängt den Besucher in der 1981 eröffneten Domkammer – das Antlitz ist von einer suggestiven Ausdruckskraft. Es gilt als ältestes erhaltenes Kopfreliquiar des Abendlandes und ist zum Wahrzeichen des Bistums Münster geworden.

So paradox es klingt, der drohenden Verwitterung ist der Erhalt dieser geradezu expressionistisch wirkenden Gestalt (links) zu verdanken: 1902 wurde der Figurenzyklus „Einzug Jesu in Jerusalem" vom Giebel des Westportals des Domes abgenommen und durch (1944 zerstörte) Kopien ersetzt.

Landleben aus der ersten Hälfte des 13. Jahrhunderts: Der Fries im Paradies überrascht durch seine Verspieltheit.

Die romanische Paradieshalle wurde Anfang des 16. Jahrhunderts erweitert und erhöht.

Der einzige exakt identifizierte Apostel: An der Rückwand steht BARTHOLOME, 1965 bei der Abnahme der Figur entdeckt.

Die Paradiesvorhalle des Domes empfängt den Besucher mit einer monumentalen Apostelfolge aus der ersten Hälfte des 13. Jahrhunderts, die als eindrucksvollster Figurenzyklus in Westfalen gilt. Die mächtigen Gestalten scheinen schier zu groß für den engen Raum, der durch weitere Großskulpturen bereichert wird. Auffallend verspielt wirkt der umlaufende Fries mit seinen naturalistischen Darstellungen des Landlebens, von Tieren und Fabelwesen. Dieses romanisch-gotische Paradies gleicht einer Schatzkammer an bildnerischen Feinheiten.

Es ist ein lichter, fröhlicher Charakter, den das Kachelzimmer ausstrahlt. Die Rekonstruktion hat es vermocht, diesen Charakter zu bewahren.

In der Detailaufnahme zeigt sich die üppige und doch einheitliche Formensprache der Kacheln.

Der Eindruck ist verblüffend: Das Kachelzimmer von der Mitte des 18. Jahrhunderts wirkt, als hätten seine Tausende von Einzelteilen nie im Schutt gelegen. Zumindest auf den ersten Blick – wer näher herantritt, wird die Risse merken, die Ergänzungen spüren. Der berühmte Gartensaal des Bischöflichen Palais hat am Kreuzgang zusammen mit dem Neubau der Domkammer eine neue Heimat gefunden.

Dieser Festsaal des Rokoko mit seinen blau gemalten Majolika-Platten war ein in Münster einzigartiges Kunstwerk. Deshalb bargen unmittelbar nach Kriegsende Mitarbeiter der Dombauhütte die angeschlagene Pracht: Mehr als 1000 Kacheln mussten teilweise aus vielen Einzelteilen mit viel Geduld wieder zusammengesetzt oder aber ergänzt werden. Es war ein Riesenscherbenpuzzle. Das Kachelzimmer hat einen Schönheitsfehler: Wegen der Empfindlichkeit der Kacheln ist es dem normalen Besucher der Domkammer nicht zugänglich.

Ich bin heute nach Münster gekommen, um dieses Grab zu besuchen und hier zu beten: Eine Platte im Boden der Ludgeruskapelle erinnert an das denkwürdige Ereignis, als Papst Johannes Paul II. am 1. Mai 1987 im Dom am Grab des Bekennerbischofs Kardinal Clemens August Graf von Galen betete. Clemens August hat als Bischof von Münster 1941 im schweigenden Deutschland öffentlich in St. Lamberti das Unrecht des Naziregimes angeprangert: „Allgemein herrscht der an Sicherheit grenzende Verdacht, dass die zahlreichen unerwarteten Todesfälle von Geisteskranken nicht von selbst eintreten, sondern absichtlich herbeigeführt werden, dass man dabei jener Lehre folgt, die behauptet, man dürfe so genanntes lebensunwertes Leben vernichten.“ Damit begab sich Galen in Gefahr, die Nazis wagten aber nicht, Hand an den „Löwen von Münster“ zu legen. Ende 1945 wurde Bischof Clemens August in das Kardinalskollegium erhoben als „mannhafter Verteidiger der christlichen Wahrheit und der unveräußerlichen Menschenrechte“, wie die damalige Neue Westfälische Zeitung am 28. Dezember schrieb. Zweifellos galt der Kardinal den verzweifelten Menschen als Symbol für neue Hoffnung.

Am 21. Februar 1946 empfing Clemens August in Rom die Kardinalsinsignien, am 16. März wurde ihm inmitten des verwüsteten Münsters ein triumphaler Empfang bereitet, die Stadt ernannte ihn zum Ehrenbürger – kurz darauf am 22. März starb er auf diesem persönlichen Höhepunkt seines Lebens.

„Man muss Gott mehr gehorchen als den Menschen“

Die Porträtbüste des Kardinals von Galen, 1950 geschaffen von Bildhauer Edwin Scharff (damals Hamburg)

Kardinal von Galen bei seinem triumphalen Empfang in Münster am 16. März 1946

„Unter diesen Glaubenszeugen ragt durch seinen großen Bekennermut euer unvergesslicher Bischof und Kardinal Clemens August Graf von Galen hervor."

Papst Johannes Paul II.
am 1. Mai 1987

Der Dom ist Gotteshaus – und kein Museum, was Besucher gelegentlich nicht beherzigen. Gläubige versammeln sich im Pontifikalamt mit gemeinsamem Gesang und Gebet zum Lobe Gottes.

Domwächter sorgen im Gotteshaus für den geziemenden Anstand.

Im Sternmarsch ziehen die Gläubigen während der Großen Prozession von ihren Altstadtgemeinden zum Domplatz.

Tradition hat die Teilnahme Farben tragender Studenten an der Großen Prozession.

Sie ist eine der ältesten bis heute nachwirkenden Traditionen, die Große Prozession durch die Straßen der Altstadt. Sie geht zurück auf ein Gelübde von Kirche und Bürgerschaft im Mittelalter, als die Stadt von Pest und Brand heimgesucht wurde. Für das Jahr 1383 ist die erste Buß- und Bittprozession belegt. Zu Zeiten äußerer Bedrängnis wie im Kulturkampf oder im Dritten Reich gerieten die Prozessionen zu machtvollen Demonstrationen für den christlichen Glauben.

Bald nach ihrem Tode im Jahre 1955 setzte die Verehrung Schwester Euthymias ein, die sichtbaren Ausdruck im reichen Blumenschmuck und in den vielen Kerzen vor ihrem Grab auf dem Zentralfriedhof fand. Gläubige suchten Trost im stillen Gebet.

Nach ihrer Seligsprechung im Jahre 2001 wurde das Grab mit einer schlichten, offenen Kapelle überdacht.

Schwester Euthymia ist Vorbild für viele mit ihrem schlichten, gläubigen dienenden Leben. Sie widmete ihr Leben Gott und war stets für andere da. Am 7. Oktober 2001, 46 Jahre nach ihrem Tode, wurde sie in Rom von Papst Johannes Paul II. selig gesprochen. Die katholische Kirche vollzog damit nach, was für die katholischen Gläubigen schon längst Wirklichkeit war: Ihr Grab auf dem Zentralfriedhof war und ist stets von einem Blumenmeer umgeben, viele Gläubige suchen hier Trost im stillen Gebet. Schwester Euthymia wurde 1914 als Emma Üffing in Halverde geboren. Als ausgebildete Krankenschwester pflegte sie kranke Kriegsgefangene und Zwangsarbeiter, die ihr den Namen „Engel der Liebe“ gaben. Euthymia starb 1955 an Krebs.

Der Wochenmarkt auf dem Domplatz hat einen ganz besonderen Charme und dient nicht nur dem zweckmäßigen Einkauf, sondern verführt auch zu einem kleinen Plausch.

Für ein reichhaltiges Angebot an Obst, Gemüse und Blumen sorgen viele Händler und Erzeuger aus Münster und dem Münsterland. Händler reisen selbst aus den Niederlanden an.

Genaues Hinsehen lohnt: Unter die Figuren im Westportal von St. Lamberti hat sich eine gemischt, die nicht zum kirchlichen Kanon gehört – der Dichterfürst und Geheimrat Johann Wolfgang von Goethe steht an der Stelle des Evangelisten Lukas in der Vierergruppe mit den Kirchenvätern Hieronymus und Gregor und dem Volksseelsorger Karl Borromäus. Goethe schaut denn auch ein wenig nachdenklich, warum ihn wohl der Bildhauer Anton Rüller 1910 ausgerechnet an einer Kirche verewigt haben könnte. Darauf gibt es nur die Vermutung, dass der Künstler die Einheit von Kultur und Kirche (und Staat) symbolisieren wollte. Übrigens – der Schiller gegenüber scheint nicht so gelungen.

Mit seinen gut 90 Metern beherrscht der neugotische Turm von St. Lamberti das Stadtbild.

Die berühmte Wurzel Jesse, also der Stammbaum Jesu, in einer Kopie von 1913 über dem Südportal. Teile des Originals lagern im Berliner Bode-Museum.

Die auch optisch wirkungsvolle Orgel, 1989 von der Berliner Firma Schuke gebaut, scheint auf einer Bühne zwischen den beiden Turmpfeilern zu schweben. Ihre 54 Register mit 3862 Pfeifen entfalten einen majestätischen Klang. Besonderheit sind die in den Raum ragenden spanischen Trompeten.

Dämonen der Lüfte: Die Wasserspeier verzierten die Bildhauer mit Phantasieköpfen.

Die Kirche der Kaufleute, die Stadt- und Marktkirche St. Lamberti, ist die größte Kirche der Stadt und zugleich der reifste Hallenbau der Spätgotik in Westfalen (Dehio). Für die heutige Zeit bilden Turm und Langhaus eine architektonische Einheit – dazwischen liegen jedoch nahezu fünf Jahrhunderte. Zwischen 1887 und 1889 wurde der neugotische Turm errichtet mit seinem durchbrochenen Maßwerkhelm – das Freiburger Münster lässt grüßen. Die Pläne dafür entwickelten die Architekten Hilger und Bernhard Hertel – mit seinen gut 90 Metern Höhe ist er längst ein Wahrzeichen Münsters. Der alte gotische Turm war 1881 wegen Baufälligkeit abgebrochen worden. Das Innere der Kirche besticht durch seine helle Leichtigkeit – diagonal öffnet sich der Blick in eine südliche Seitenkapelle, in den so genannten Alten Chor, die heutige Sakramentskapelle.

Dem Volke zur Warnung: In den Käfigen am Lambertiturm wurden 1536 die Leichen der Wiedertäuferanführer zur Schau gestellt.

Jan van Leyden, der König der Wiedertäufer, im Kupferstich von Heinrich Aldegrever, der Porträtfotografie des 16. Jahrhunderts – wenn man so will.

Drei Käfige am Turm – Stoff für Gruselgeschichten? Leben die Seelen der Wiedertäufer fort, wie nachts hoch am Lambertiturm die Irrlichter des Künstlers Lothar Baumgarten suggerieren? Sind die Schreie der Gefolterten zu ahnen, wenn man die Zangen im Stadtmuseum anstarrt? Bebt der Friedenssaal vor Tänzen, sieht man den durchgewetzten Frauenschuh? Es war eine kurze heftige Episode der Irrungen und Wirrungen, die 1534/1535 die fromme und tüchtige Hansestadt in eine Katastrophe stürzen ließ. Was als Reformation begonnen hatte (1532 war fast ganz Münster protestantisch), ging 1534 über in den religiösen Fanatismus der Wiedertäufer und endete 1535 in dem orgiastischen Treiben des selbst ernannten Königs des neuen Jerusalems. Jan van Leyden wollte in Münster das Tausendjährige Reich Gottes errichten und schwelgte in Ausschweifung und Grausamkeit. Seiner eigenen Frau Elisabeth Wandscherer, einer seiner 16 Frauen, schlug er eigenhändig auf dem Prinzipalmarkt den Kopf ab und tanzte um den Leichnam herum. Und das Volk tanzte mit. Der Historiker Gerd Dethlefs stuft das zwar neuerdings als Legende ein, dennoch passt es ins Gesamtbild.

Türmer Wolfram Schulze hat das Privileg, einen faszinierenden Ausblick genießen zu können.

„Ich muss alle halbe Stunde so laut blasen, dass es jeder hört, aber niemand gestört wird."

Roland Mehring, früherer Türmer von St. Lamberti

Wie eine Mönchszelle wirkt die Türmerstube, in der sich Wolfram Schulze in den Tutepausen dem Lesen widmet.

Sein Amt provoziert geradezu Sprüche – wie höchster Beamter Münsters oder luftigster Arbeitsplatz und anderes mehr. In der Tat übt Wolfram Schulze eine äußerst rare Tätigkeit aus. Er ist Türmer der Stadt Münster und wacht dazu auf dem Lambertiturm über die Sicherheit der Menschen unter ihm. Alle halbe Stunde ab 21 Uhr muss er dreimal in jede Himmelsrichtung blasen. Und das bis Mitternacht. Dazwischen bleibt ihm Zeit zum Lesen, Denken oder Träumen – in seiner Mönchszelle 60 Meter oder 300 Stufen über der Betriebsamkeit der Stadt in völliger Einsamkeit.

Die St.-Ludgeri-Kirche bringt in das Stadtbild einen reizvollen und eigenwilligen Architekturtupfer.

Jesus und Buddha – die Kunst macht die unmittelbare Verbindung möglich: Der in Paris lebende Chinese Huang Yong Ping fühlte sich durch das armlose Triumphkreuz von St. Ludgeri zu seinem hundertarmigen Buddha inspiriert. Seit 1997 steht die Skulptur auf dem Marienplatz vor der Ludgerikirche. Ihr Sinn erschließt sich nicht durch Blickkontakt.

Die Ludgerikirche ist in ihrem Kern romanisch, gegen Ende des 14. Jahrhunderts wurde sie durch den hohen gotischen Chor erweitert – der reizvoll durchbrochene Vierungsturm setzt gleichsam eine architektonische Stadtkrone auf die Kirche. Die beiden Westtürme wirken romanisch, stammen aber von 1875, passen in ihren Proportionen auch nicht zum Kirchenbau.

Kunst muss nicht schön sein: Der hundertarmige Buddha soll an den armlosen Kruzifixus erinnern – „Ich habe keine anderen Hände als die Eueren."

Selbst in der sachlichen Atmosphäre des Landesmuseums haben die Skulpturen von der Überwasserkirche ihre Würde und Hoheit gewahrt.

Ihre Wiederentdeckung nach dreieinhalb Jahrhunderten war eine Sensation: 1898 wurden bei Bauarbeiten in der Nähe des Buddenturms diese monumentalen Figuren, wenn auch stark beschädigt, des Westportals der Überwasserkirche freigelegt – die Statuen der Muttergottes und von neun Aposteln. Der junge Student Max Geisberg (später bekannt geworden als Kunsthistoriker) leitete übrigens die Ausgrabungen. Die hochgotischen Figuren aus der zweiten Hälfte des 14. Jahrhunderts waren von den Wiedertäufern 1535 aus dem Portal herausgebrochen, teilweise zerstört und zur Verstärkung der Stadtbefestigung in der Kreuzschanze verbuddelt worden. Der fragmentarische Figurenzyklus hat seit Anfang des vorigen Jahrhunderts im Landesmuseum am Domplatz einen neuen Platz gefunden.

Die Überwasserkirche (vom Dom aus gesehen „trans aquas", jenseits der Aa) besitzt eine herrliche gotische Halle, das Beherrschende an ihr ist jedoch der wuchtige Turm: Macht und Mächtigkeit des Untergeschosses lösen sich steigernd nach oben hin auf. Alte Ansichten zeigen einen spitzen Turmhelm: Nachdem die Wiedertäufer ihn bereits abgetragen hatten, wurde ein zweiter durch einen Sturm im Jahre 1708 „herabgeweht".

St. Martini mit zwei Türmen? Diesen optischen Effekt ermöglicht der ungewöhnliche Blickwinkel mit der Spiegelung in der Glasfront des Theaterfoyers.

Der gotischen Martinikirche wurde im Laufe der Jahrhunderte schwer mitgespielt. Erstmals zerstörten die Wiedertäufer die Turmhaube, der erneuerte Helm wurde Anfang des 18. Jahrhunderts durch Stürme beschädigt und 1759 im Siebenjährigen Krieg von preußisch-hannoverschen Truppen mitsamt dem Martiniviertel durch Beschuss eingeäschert. (Der münstersche Fürstbischof Clemens August stand im Siebenjährigen Krieg auf Seiten der Gegner des Preußenkönigs Friedrich II.) Die heutige charakteristische barocke Haube wird Johann Conrad Schlaun zugeschrieben. Die Bomben des Zweiten Weltkrieges verschonten zwar den Turm, zerstörten aber Langhaus und Chor schwer.

Paradies im Kirchenhimmel

Das unspektakuläre Gebäude der Apostelkirche birgt im Innern einen außergewöhnlichen Schatz – Malereien aus der Renaissance schaffen in den Gewölben den reinsten Paradiesgarten mit Häschen und Hühnern, Blumen und Blättern, Vögeln und Phantasiegestalten. Ergänzt wird diese verspielte Welt natürlich durch geistliche Elemente, eine Madonna mit Kind, einen Kruzifixus. „Entdeckt" wurde dieser Schatz 1936 bei der Restaurierung der Kirche – zur großen Verwunderung der Fachleute. Allerdings – Interessierte sollten schon zu einem Fernglas greifen, um diese heitere Landidylle studieren zu können. Die Ausmalung wird auf das Jahr 1540 datiert, folgte also unmittelbar den Zerstörungen durch die Wiedertäufer.

Diese ehemalige Minoritenkirche, die 1984 den 700. Geburtstag feierte, steht seit 1840 im Eigentum der evangelischen Zivilgemeinde, die sich mit dem Einzug des preußischen Generals von Blücher und seinen Beamten und Soldaten in Münster im Jahre 1802 zu bilden begann. Die evangelische Kirche zählt heute in Münster rund 60 000 Gemeindeglieder.

Diese Malereien könnten auch einen Fürstenhof der Renaissance zieren.

Schlicht, ohne Turm, wie es einem Bettelorden ziemt, zeigt sich die Apostelkirche, die ehemalige Minoritenkirche, um 1280 als erste rein gotische Kirche errichtet.

Das Modell verdeutlicht die Einbindung der Clemenskirche in die Anlage des Clemenshospitals. Gegenüber liegt der Erbdrostenhof.

„Der Wiederaufbau von Münster wird mindestens drei Generationen dauern."
Aus einem Protokoll der SPD von 1948

Wiederaufbauwunder: Juwel aus der Retorte

Während der Wiederaufbau der Clemenskirche auf sich warten ließ, verfiel die Ruine weiter.

Es gleicht schon einem kleinen Wunder, dass die üppige Pracht der Clemenskirche heute besichtigt werden kann: Was der Besucher sieht, ist eine Neuschöpfung der 60er und 70er Jahre des vorigen Jahrhunderts, eine Rekonstruktion anhand von Fotos der illusionistischen Malerei und der Skulpturen von der Mitte des 18. Jahrhunderts. Dem Wiener Maler Paul Reckendorfer und dem Telgter Bildhauer Siegfried Springer gelang diese Nachschöpfung, dass der Betrachter sich als Zeitzeuge des Rokoko fühlen kann.

Das Gotteshaus selbst ist einer der Geniestreiche des Artilleristen und Baumeisters Johann Conrad Schlaun, auch wenn beim Wiederaufbau die Grundkonzeption grundlegend verfälscht wurde. Denn die Clemenskirche war kein Solitär mit einem Campanile, sondern vielmehr als krönender Eckbau eingebunden in die Anlage des Clemenshospitals, die nach den Kriegszerstörungen abgebrochen wurde.

Der Blick in den Himmel – im Original von dem Regensburger Maler Johann Adam Schöpf Mitte des 18. Jahrhunderts in Freskotechnik geschaffen, in den 1960er und 70er Jahren von Paul Reckendorfer nachempfunden.

Besucher staunen ob der Pracht.

Eine der zahlreichen Figuren stellt den Monat Februar dar mit Maske, Pritsche, Flöte und Tamburin.

Der zweigeschossige Festsaal mit seiner illusionistischen Malerei ist das Prunkstück des Erbdrostenhofes.

Mit dem Erbdrostenhof setzte sich J. C. Schlaun gleichsam selbst ein Denkmal, denn geradezu genial hat er in das spitz zulaufende Grundstück das barocke Adelspalais geschoben: pompöser architektonischer Auftritt für den Droste zu Vischering. Im Mittelpavillon liegt der zweigeschossige Festsaal mit einer umlaufenden Galerie, dessen Malerei von Paul Reckendorfer rekonstruiert wurde. – Provokation oder Geniestreich? 1987 wuchtete Richard Serra in der Skulpturenausstellung seinen „Trunk" exakt in die Achse des Erbdrostenhofes.

Der Erbdrostenhof von der Salzstraße aus

Seinen Trunk (Stamm oder Rumpf) verstand Richard Serra 1987 als Hommage an Schlaun.

Streng wirkt die Fassade des Heeremanschen Hofes an der Königsstraße, sie wurde sorgfältig wieder hergestellt.

Eine hübsche Arabeske: Der Ausleger eines Goldschmieds in der Nachbarschaft

Die Königsstraße war einst die Straße der Adelshöfe, von denen nur einige die Zeitläufte überdauert haben. Auch der Heeremansche Hof, ältester Adelshof in Münster, wurde im Zweiten Weltkrieg schwer getroffen, aber sorgfältig wieder hergestellt. Die streng gegliederte und streng geordnete Schaufassade zur Straße stammt aus dem Jahr 1564, der Entwurf wird dem münsterschen Maler, Bildhauer und Architekten Hermann tom Ring zugeschrieben. Der lang gestreckte Bau selbst reicht bis in die späte Gotik zurück. Der Heeremansche Hof ist zweifellos der bedeutendste der wenigen Renaissance-Bauten in der Stadt. Er wird seit einigen Jahren vom Oberverwaltungsgericht genutzt.

Spuren der Baugeschichte an der Seitenwand des Heeremanschen Hofes

Münsters großer Kunsthistoriker Max Geisberg war des Lobes voll: „Seine Arbeit scheint mir unter den drei Täfelungen in Münster hinsichtlich der Klarheit ihres Aufbaues und der künstlerischen Zurückhaltung in den Ansprüchen an das verwandte Material an erster Stelle zu stehen." Henrich Paßmann hieß der Meister, 1621 wurde seine Täfelung im Kaminsaal des Krameramtshauses eingebaut.

Das Krameramtshaus stellt in der Stadtlandschaft einen Glücksfall dar, überstand es doch das Bombeninferno des letzten Krieges nahezu unbeschadet. Der Renaissancegiebel von 1589 (1889 erneuert) lehnt sich an die Architektur des Drostenhofes in Wolbeck an. Wie der Name es ausdrückt, wurde es für die Gilde der Kaufleute (Kramer) errichtet. Im Laufe der Jahrhunderte diente es vielfältigen Nutzungen. So war es während der Verhandlungen zum Westfälischen Frieden Quartier der acht niederländischen Gesandten – „Residentz-Hoff dero Hochmögenden Herrn Generall Staten der vereinigten Niederländischen Provinzen". 1842 erwarb die Stadt das Gebäude, das ab 1909 die Bücherei aufnahm. 1995 konnte der Verein der Kaufmannschaft in sein Stammhaus zurückkehren, das – an den Frieden von 1648 anknüpfend – zugleich Sitz des Niederlandezentrums ist.

Das Krameramtshaus am Alten Steinweg diente nach dem Kriege dreieinhalb Jahre der Lamberti-Gemeinde als Notkirche.

Ein ehrsamer Kaufmann

Ein ehrsamer Kaufmann heißt Euch willkommen! Mit diesen Worten eröffnet der Vorsitzende des Vereins der Kaufmannschaft beim traditionellen Kramermahl im Rathaus das eigentliche Mahl, das ebenso traditionell mit Grünkohl und Mettwurst im Hauptgang aufwartet. Während des Pokalwechsels bringt der Oberbürgermeister den Trinkspruch aus: „Es bleibe jung in alter Kraft die hochlöbliche Kaufmannschaft!" In dieser Form läuft das Kramermahl seit 1956 ab, die Tradition reicht jedoch bis ins Mittelalter zurück. Das Kramermahl ist eines der bedeutsamsten gesellschaftlichen Ereignisse in der Stadt.

Der Verein der Kaufmannschaft zu Münster von 1835 versteht sich mit Recht als Nachfolger des Krameramtes, das 1809 zur Zeit der französischen Herrschaft wie alle Gilden seine alten Privilegien verloren hatte. Zu den nachdrücklichsten Gründungsvätern des Vereins zählte der Verlagsbuchhändler und spätere Oberbürgermeister Johann Hermann Hüffer.

Der herrliche Schiffspokal des Vereins der Kaufmannschaft, den der münstersche Meister Michael Bueren um 1620 fertigte. Die kunstvolle Arbeit (Silber vergoldet) mit ihren liebevoll gearbeiteten kleinen Figuren ist außerhalb des Kramermahls im Landesmuseum am Domplatz ausgestellt.

Kramermahl 2002 während des Pokaltauschs: links und rechts Dr. Hugo Fiege und Lutz Stroetmann vom Verein der Kaufmannschaft, in der Mitte Oberbürgermeister Dr. Berthold Tillmann und als Ehrengast NRW-Finanzminister Peer Steinbrück

Einer der wenigen Profanzeugen der Gotik, der reich geschmückte Erker am Haus Alter Steinweg 1. Er stammt vom Anfang des 16. Jahrhunderts, wurde allerdings vor einigen Jahren durch eine Kopie ersetzt. Das Haus selbst wurde 1869 zum Alten Steinweg hin im klassizistischen Stil neu gestaltet.

Nichts Historisches, aber ein architekturhistorischer Beleg, das Haus am Roggenmarkt 11/12: 1907 kopierte der Architekt Alfred Hensen den ursprünglichen Giebel von 1565 im Stile der Neorenaissance. Ab 1980 zog Architekt Andreas Deilmann die halb zerbombte ehemalige „Ratsschänke“ in die Silhouette der Giebelreihe hoch.

Ein Gadem (ursprünglich Ein-Raum-Haus) an der Buddenstraße, für heutige Verhältnisse winzige Sozialwohnungen des 18. Jahrhunderts: Arme-Leute-Häuser. Nur wenige haben Kriege und Modernisierungswellen überstanden.

Schlauns Visitenkarte

Wer sich informieren möchte, wie der große Baumeister Johann Conrad Schlaun denn selbst gewohnt hat, muss entweder das Modell im Stadtmuseum studieren oder die Garagenwand an der Hollenbeckerstraße im Kuhviertel betrachten: Findige Zeitgenossen haben hier Schlauns Stadthaus verewigt. An Wiederaufbau nach dem Kriege dachte wohl niemand. Dabei war das Haus eine attraktive Visitenkarte: „Der Künstler hat sein Wohnhaus in nobler Stattlichkeit angelegt“, urteilt der Kunsthistoriker Karl Eugen Mummenhoff. Er bescheinigt „sorgfältig durchdachte Architekturstücke, die es in der Stadt bisher noch nie im bürgerlichen Bereich gegeben hatte.“

Illusionistische Malerei – Schlauns Wohnhaus auf eine Garagenwand gepinselt

„Das Wohnhaus, das sich Schlaun in der Hollenbeckerstraße baute, zeigt, wie sich die Grandezza der Adelshöfe auf ein Gebäude bürgerlicher Art anwenden ließ.“

Ricarda Huch

Das wohl kleinste Haus der Stadt am Rosenplatz – aber nicht historisch, sondern zusammengesetzt.

Reizvoller Kontrast zum Neubau – eine der Säulen des Romberger Hofes (1779–1782 von Wilhelm Ferdinand Lipper errichtet)

Typischer Stil der 50er Jahre, das Treppenhaus im Stadttheater. Der gesamte Bau steht längst unter Denkmalschutz.

Die mehrfach gestufte Front des Stadttheaters von der Voßgasse aus

Es war der viel zitierte befreiende „Donnerschlag" in der münsterschen Architektur – das neue Stadttheater der jungen Architektengruppe Harald Deilmann, Max von Hausen, Ortwin Rave und Werner Ruhnau, das am 6. Februar 1956 mit Mozarts „Zauberflöte" eröffnet wurde. Es ersetzte das zerstörte Theater im klassizistischen Romberger Hof, dessen Gartenfassade als Kulisse in den Innenhof einbezogen ist. Dieses Theater überzeugte nicht nur durch die Qualität seines Entwurfs, sondern distanzierte sich auch deutlich vom historisierenden Wiederaufbau der Altstadt. Es fand in der Fachwelt internationale Beachtung.

Die Konstruktion im Innern ist nicht schamhaft verdeckt, sondern gestalterisches Mittel.

Die Buchgasse in der Achse der Lambertikirche ist beherrschend für die Konzeption der Stadtbücherei.

Zweifellos ebenfalls ein architektonischer „Donnerschlag", die Stadtbücherei, die 1993 zum Stadtjubiläum eingeweiht wurde: Die bis dahin weitgehend unbekannten Architekten um die in Münster geborene Julia Bolles-Wilson hatten sich mit einem eigenwilligen Konzept durchgesetzt. Zwei lang gestreckte Gebäudeteile flankieren eine Buchgasse in der Kiellinie der Lambertikirche. Eine acht Meter hohe Überfrau von Tom Otterness nimmt die Blickachse auf – eine der vielen zeitgenössischen Skulpturen im Stadtbild. Der vielfach gegliederte Gebäudekomplex wartet mit vielfältigen Nutzungsmöglichkeiten auf, Präsenzbibliothek, Lesesaal, Fernleihe, Informationsmarkt, Ausstellungsforum bis zum Café Colibri. Die moderne Architektursprache wird durch eine Fülle von Detaildissonanzen belebt, nichts wurde dem gestalterischen Zufall überlassen.

Die kleinen Leseratten des amerikanischen Künstlers Tom Otterness und das Denkmal des Pfennigs

Die Promenade ist ebenso wie Prinzipalmarkt oder Dom ein stadtprägendes Baudenkmal. Es ist weitsichtigen Stadtvätern zu danken, dass ihr 4,5 Kilometer langer Ring nach dem Kriege nicht (wie in anderen Städten) dem Verkehr geopfert wurde. So dass heute noch das heimattümelnde Studentenlied „Liebe Stadt im Lindenkranze, roter Erde schönste Zier" seine Gültigkeit besitzt.

Wie Naturskulpturen wirken die Stümpfe einer alten Robinie an der Kreuzschanze – im Hintergrund das Altum-Denkmal, das Bildhauer Arnold Schlick 1962 schuf. Es erinnert mit seiner Eule an Bernhard Altum, einen Naturwissenschaftler und bedeutenden Ornithologen der münsterschen Akademie.

Die Vogelschau von Alerdinck zeigt, wie eng bebaut die Stadt in ihren mittelalterlichen Grenzen war. Das Gebiet innerhalb der Mauern umfasste 190 Hektar, die Zahl der Einwohner wird auf etwa 10 000 geschätzt.

Der grüne Ring um die Altstadt

„Der Grundriss einer alten Stadt ist ein verpflichtendes Vermächtnis.“
Wilhelm Rave, Provinzialkonservator

Über die Präzision des Kupferstechers Everhard Alerdinck kann man im Zeichen der Satellitenfotografie nur staunen: 1636 porträtierte er die Stadt und zugleich ihre Wehrhaftigkeit, denn er zeichnete ihre Verteidigungsbauten etwa doppelt so groß wie andere Anlagen und Kirchen und Gebäude, was man mitten im Dreißigjährigen Krieg wohl auch als Propagandabeitrag interpretieren könnte.

Der Verlauf dieser Befestigung, die Promenade eben, hat sich bis heute erhalten. Sie wurde unter Minister Franz von Fürstenberg ab 1761 geschaffen, denn angesichts neuer Feuerwaffen hatte die mittelalterliche Stadtbefestigung ihren Verteidigungswert verloren, was die Stadt zwei Jahre zuvor im Siebenjährigen Krieg leidvoll erfahren hatte. Johann Conrad Schlaun und nach dessen Tod 1773 Wilhelm Ferdinand Lipper leiteten die Arbeiten zur Umgestaltung der ehemaligen Befestigung.

Der Buddenturm, Überrest der historischen Stadtbefestigung, diente ab 1879 als erster Wasserturm (500 Kubikmeter) in Münster.

Schinkendenkmal nennt der Volksmund diesen Monumentalbau von Bernhard Frydag in der Promenade an der Fürstenbergstraße, mit dem 1909 an die so genannten Einigungskriege von 1864 bis 1871 erinnert werden sollte.

An die ursprüngliche Bestimmung als Stadtbefestigung erinnern nur wenige Punkte, neben dem fast 800 Jahre alten Buddenturm und dem Zwinger Reste der Stadtmauer in der Nähe des Stadtbades Mitte.

Die Promenade – Spaziergang oder Spazierweg – wurde im Lauf der Zeit mehrfach verändert, am gravierendsten nach dem letzten Kriege. Eingriffe in den Bestand zu Gunsten von Straßen mussten hingenommen werden. Auch zahlreiche Leitungen trugen nicht zur Standortqualität für die geplagten Bäume bei. Ab Mitte der 80er Jahre des vorigen Jahrhunderts wurde die Sanierung der Promenade in Angriff genommen, vieles, was der Gärtner, Beigeordnete und Ehrenbürger Adolf Kleimann Ende des 19. Jahrhunderts geschaffen hatte, wurde nun wieder rekonstruiert.

Ein rund 400 Jahre alter Wasserbär (Wasserwehr) im ehemaligen Zoogelände, der ein Auslaufen des Befestigungsgrabens verhindern sollte. Ein zweiter hat an der Kleimannstraße überlebt.

Beim seltenen Schnee bildet der kleine Hang am Kanonengraben das münstersche Rodlerparadies.

Promenade im Winter: Der Schnee betont die strenge Ordnung der von Schlaun geplanten Doppelallee.

Schönheitskur fürs Denkmal

Über die Bäume in der Promenade hat es in der Vergangenheit heftige Diskussionen gegeben. So wollten vor einigen Jahren Bürger eine aus Sicherheitsgründen erforderliche Fällung der geschädigten Silberlinden im Abschnitt der Engelenschanze verhindern, so dass sogar Polizei eingreifen musste. Nach einigen kärglichen Jahren bietet heute dieser Abschnitt wieder einen geschlossenen Alleecharakter. In den 20er Jahren des vorigen Jahrhunderts hatte es ebenfalls gravierende Beeinträchtigungen des geschlossenen Alleenringes gegeben, als das große Ulmensterben ganze Promenadenabschnitte niederlegte. Nur wenige historische Bäume (Sommerlinden) sind noch am Neutor erhalten.

Das Fahrrad als „1200“, das offizielle Signet des Stadtjubiläums 1993. Die radelnde Jubiläumszahl wurde entworfen von Sabine Hensen und Klaus Steinforth.

Radfahrer-Highway könnte man die Promenade nennen: Sie übernimmt für Radler eine ideale Verteilerfunktion.

Die restaurierte Ruine des Zwingers in der Promenade

Ort des Leidens und des Gedenkens

Der Zwinger mit Dachhaube und Eingangstreppe, verputzt und verziert – eine Aufnahme aus der Zeit um 1900

Der Zwinger hat auch nach fünf Jahrhunderten nichts von seinem schützenden und gleichermaßen bedrohlichen Charakter verloren. Er verteidigte ab Anfang des 16. Jahrhunderts als mächtiger Geschützturm den Auslass der Aa durch die Stadtbefestigung, diente als Mühle, wurde 1732 von Johann Conrad Schlaun zum Zuchthaus ausgebaut, gab einem Künstler Wohnung, wurde von der Hitlerjugend zum Kulturheim umfunktioniert, endete unrühmlich als Gefängnis und Hinrichtungsstätte der Gestapo, wurde zerbombt, ist seit 1987 und erneut seit 1997 Kunstort und schließlich als restaurierte Ruine Gedenkstätte für die Opfer des Nationalsozialismus: Eine wahrlich wechselvolle Geschichte, die ihre Spuren tief in die ursprünglich zwei Meter dicken Mauern geschrieben hat.

Wenn Steine sprechen könnten ...

Rebecca Horn hat 1987 und erneut 1997 mit dem „gegenläufigen Konzert" den bedrohlichen und bedrückenden Eindruck des Zwingers in Kunst umgesetzt. Die metallenen Hämmerchen mahnen an das Klopfen der Gefangenen, das niemand hörte. Die roten Lämpchen gleichen Totenlichtern. Wer hier „lebenslänglich" eingekerkert war, lebte nicht lange.

Heiteres Schloss statt drohender Zitadelle

Johann Conrad Schlaun (1695–1773), Münsters großer Barockbaumeister

Der „Engel", der kein Engel ist, sondern eine Nike, die griechische Siegesgöttin.

Das Schloss ist ein reifes Spätwerk von Johann Conrad Schlaun und gilt als Hauptschöpfung des norddeutschen Barocks, 1767 begonnen, als sich die liebenswerte Kunst des Barocks bereits dem Ende zuneigte, nach Schlauns Tod 1773 von Wilhelm Ferdinand Lipper baulich im Stil des beginnenden Klassizismus fortgeführt. Schlaun hatte das Schloss als Zentrum einer groß angelegten fürstbischöflichen Residenz konzipiert, von der nur Teile realisiert wurden. Das Schloss steht auf der ehemaligen Zitadelle, die Fürstbischof Christoph Bernhard von Galen („Bombenbernd") 1661 gegen die von ihm unterworfene Stadt errichten ließ. Davor ließ er freies Schussfeld brechen, den späteren Neuplatz und seit 1928 Hindenburgplatz. Das wieder aufgebaute Schloss ist seit 1954 Sitz der Universität.

Über Schlauns Tod berichtete auch die Zeitung „Münstrisches Intelligenzblatt": „Münster, vom 25. Octob. Vorigen Donnerstag, den 21sten dieses, ist der Wohlgebohrner Herr Generalmajor, Obrister und Commandant der Artillerie, Gouverneur zu Meppen, Sr. Kuhrfürstl. Gnaden zu Cölln, Bischofen zu Münster, Ober-Land-Ingenieur, Johann Conrad Schlaun, Herr zum Rüschhause und Sultzhoff, im 79sten Jahre seines Alters mit Tode abgegangen und am 23sten in der Kirche Unsrer lieben Frauen zu Ueberwasser mit allen seinem Stande gemäßen Ehren zur Erden bestattet."

Ungewöhnlicher Blick vom nördlichen Seitenflügel zu Glockentürmchen und Nike

Ein fein gearbeitetes Modell im Stadtmuseum vermittelt einen Eindruck davon, wie nach Schlauns Vorstellungen das Schloss Mittelpunkt einer üppigen Residenz sein sollte.

Der warmtonige Baumberger Sandstein, beliebter Kontrast zum roten Ziegel, hat den Nachteil, dass er leicht verwittert. Neuerdings wird der härtere Ibbenbürener Sandstein verwendet. Die Putte rechts wurde 2001 aufgestellt, die linke hat schon ein paar Jahre mehr auf dem Buckel.

Lebendiges Zentrum der Westfälischen Wilhelms-Universität

Bei aller architektonischen Würde – das Schloss ist kein Museum, sondern belebtes und beliebtes Zentrum der Universität, wie beim alljährlichen Sommerfest der ausländischen Studierenden.

„In Münster habe ich die ungewöhnliche Gelegenheit gehabt, einem bemerkenswerten Stück Geschichte zu begegnen und daran teilzuhaben."
Henry A. Kissinger, seinerzeit US-Außenminister

Demonstration der anderen Art: Vorlesungen werden kurzerhand ins Freie verlegt, wie hier am Aasee. Mit solchen Aktionen wollen Studenten und Professoren die Öffentlichkeit auf die gravierenden Probleme der Universität aufmerksam machen. Alle Universitäten leiden seit vielen Jahren unter Geldmangel.

Silbernes Requiem auf stilisierte Autos

Sie waren einer der Publikumslieblinge der Skulpturenausstellung 1997 – die 32 silbern gespritzten Oldtimer vor dem Schloss, eine Hommage an das 20. Jahrhundert, akustisch unterlegt mit Mozarts Requiem. Abgesang oder Ehrung für die Autos? Damit nicht genug: Der gebürtige Koreaner Nam June Paik hatte die silbrigen Vehikel mit Elektroschrott und alten Fernsehapparaten aufgefüllt – Auto und Fernsehen als die wichtigsten Errungenschaften des vorigen Jahrhunderts. Der Gegensatz von höfischer Architektur und bürgerlichen Gegenständen war neben dem ästhetischen Anspruch der zu symmetrischen Skulpturen geordneten Autos das Reizvolle dieser Installation auf Zeit. Viele Schaulustige nutzten die künstliche Kulisse als Fotomotiv zur persönlichen Erinnerung.

Der Künstler hat 2002 seinen Namen für einen Medienkunstpreis des Landes Nordrhein-Westfalen zur Verfügung gestellt, für den „Nam June Paik Award“.

Eine pflanzliche Reise um die Welt

Der Blütenkegel (Hunderte von Blüten) des Mammutblattes, auch Riesenrhabarber genannt

Der Summstein, ein archaisches Klangelement, muss natürlich ausprobiert werden.

Ein Ort der Ruhe, der 1803 eröffnete Botanische Garten hinter dem Schloss – an Stelle des von Schlaun geplanten streng geometrischen, fürstlichen Hofgartens. Der Garten ist eng mit der universitären Botanik verbunden, er dient in erster Linie Lehre und Forschung und dann der Erholung und öffentlichen Anschauung. Eine Arabeske seiner Geschichte ist, dass im 19. Jahrhundert die Wissenschaftler sich gezwungen sahen, selbst gezogene Sträucher und Stauden zu verkaufen, um Geld in die Kasse zu holen. In den letzten Jahren ist der 4,6 Hektar große Botanische Garten durchgreifend umgestaltet worden, er zeigt Lebensräume von Pflanzen und Pflanzenfamilien, die der Besucher bummelnd betrachtet. Reizvolles bauliches Relikt aus einer anderen Zeit ist die 1840 errichtete klassizistische Orangerie.

Die Heide-Moor-Landschaft (Hochmoor) wurde natürlich künstlich angelegt.

Verspielt die frühlingshaften Triebe des Trichterfarns

Benachbart im Schlossgarten liegt der Musikpavillon von 1929: Freiluftkonzerte erfreuen sich, wenn das Wetter mitspielt, großer Beliebtheit.

„Müller's Aoltbeer, Mönstersk Platt häört bineen äs Band ümt Fatt."
Balkenspruch bei „Pinkus Müller"

Das Altbier von Pinkus mit „obergäriger" Hefe ist berühmt. Durch halbjährige Lagerung erhält es seinen weinähnlichen Charakter. Eine Besonderheit: In den dicken Tischplatten dürfen sich die Gäste mit dem Messer verewigen. Zur geselligen Runde gehört dann oft auch der Knobelkäse.

Eine der gemütlichsten Ecken zu zweit in der Altbierküche von Pinkus – auf dem Ofenbänkchen. Wie lautet ein Spruch am Balken? „Hier herrscht Burgfriede."

Die Altbierküche ist das Herz der traditionsreichen Gaststätte, der zweifellos bekanntesten im Kuhviertel und an der Kreuzstraße.

Surmoos und Pillewörmer

Hier wird plattdeutsch gegessen, aber die Speisekarte liefert die Übersetzung von Pillewörmern (Schinkenstreifen) und Surmoos (Sauerkraut) gleich mit.

Pinkus Müller ist die letzte der einst vielen Brauereien in Münster und die berühmteste zugleich. Und von der 1816 begründeten Tradition ist die Gaststätte Pinkus Müller nicht zu trennen – Spezialitäten aus der Altbierküche erfreuen sich bei Einheimischen und Besuchern gleichermaßen großer Beliebtheit. Dabei hat nicht zuletzt Carl Pinkus Müller, der singende Brauer und Karnevalist, am legendären Ruf von „Pinkus" geb(r)aut. Als Tenor stand er auf der münsterschen Bühne und erntete große Erfolge. Als der neue Rundfunk Münster 1924 auf Sendung ging, gehörte Pinkus zu den ersten Stars. So wurden dann Briefe zugestellt „An den Altbier- und Tenortönebrauer". Selbst im hohen Alter noch erfreute er seine Gäste mit einer geschmetterten Arie. Und der legendäre Spitzname Pinkus? Der soll auf die Folgen reichlichen Altbiergenusses zurückgehen.

Ein Kleinod in der Wand, die Puppenküche aus Zinn

Die Cavete belebt die Kneipenszene in der Kreuzstraße im Kuhviertel.

Die Einrichtung gleicht einer Mischung aus Pariser Flohmarkt und münsterschem Sperrmüll.

Eldorado für Spießbürger – von wegen!

Aus der Warnung „Cavete Münster!" wurde die Urmutter aller Studentenkneipen: 1958 schrieb sich der Jurastudent Wilfried Weustenfeld im „Semesterspiegel" seinen Frust über die Stadt vom Leibe. „Ein Nirwana auf Erden. Ade, Lebensfreude, Heiterkeit und Humor: Du bist verbannt aus diesen Mauern." Die Reaktion: Ein Sturm der Entrüstung bei den Paohlbürgern und ein Jahr später die Gründung der „Akademischen Bieranstalt" durch zwei Studenten.

An Stuhlmachers Tresen sind alle gleich: Die gepflegten Biere wissen die Mitglieder von 20 Stammtischen zu schätzen.

„Der Zapfhahn ist das reine Gewissen Münsters. Und wo der Zapfhahn Kulturgut ist, das ist Stuhlmacher."

JASPER VON ALTENBOCKUM in der FAZ

Franz Feldhaus war einer der ersten, der wenige Monate nach Kriegsende inmitten einer unendlichen Trümmerlandschaft den Wiederaufbau des traditionsreichen Hauses „Stuhlmacher" am Prinzipalmarkt 7 startete. 1890 hatte der Bierhändler Louis Stuhlmacher die Gaststätte unmittelbar neben dem Stadtweinhaus und Rathaus erworben für den damals stolzen Preis von hunderttausend Goldmark. Aus der ehemaligen Kutscherkneipe wurde „Stuhls", wie Freunde kurzerhand sagen, und „Stuhls" hat längst Weltruf erlangt. Seit 1912 hat die Familie Feldhaus die Hand am Zapfhahn. Mittags ein gepflegtes Pils – das ist für viele Stammgäste ebenso münstersches Kulturgut wie der obligate Bummel über den Prinzipalmarkt. Und die Namen der Stammgäste weit über Münster hinaus lesen sich wie ein Who's who der Prominenz. „Hier darf Kultur geschlürft werden", schrieb die Frankfurter Allgemeine zum 100. Geburtstag.

Der berühmte Ausleger von 1927 mit Professor und Handwerker – nach der Devise: Bei Stuhlmacher sind alle gleich.

„Wann werde ich denn einmal aus diesem Land der Heiligen erlöst werden, wo die Menschen weit ärmer an Verstand wie an Gütern sind.“

Gebhard Leberecht Blücher

Der Kiepenkerl in ungewohntem Glanz: Jeff Koons hatte ihn 1987 in Edelstahl gegossen.

Wahrzeichen oder nur Folklore?

Das Original, 1896 vom münsterschen Bildhauer August Schmiemann geschaffen, musste nach dem Kriege erneuert werden: Die Sieger hatten ihn vom Sockel gestoßen und zerstört.

Der Kiepenkerl am Spiekerhof, ob man ihn mag oder nicht mag, ist eines der Wahrzeichen Münsters. So ausgeprägt, dass 1987 während der Skulpturenausstellung der amerikanische Künstler Jeff Koons dem Denkmal ein eigenes Denkmal setzte – er goss die Bronzeskulptur von August Schmiemann in Edelstahl. Der Kiepenkerl hatte alle Bombardierungen überstanden, so dass die Nazis sein Bild inmitten rauchender Trümmer und mit der Aufschrift „Wi staoht fast!“ für Durchhaltepropaganda missbrauchten.

Der Kiepenkerl hat einem ganzen Viertel seinen Namen gegeben. Und zwei Gaststätten, dem „großen" Kiepenkerl und dem „kleinen" Kiepenkerl, beide als beliebte Traditionskneipen am Kiepenkerl-Denkmal gelegen. Der Platz ist ein Treffpunkt für Einheimische und Gäste. Die Vielfalt der Kneipen, Restaurants, Gaststätten, Cafés, Pizzerien, Eisdielen und Imbissbuden ist Legion – ihre Zahl übersteigt in Münster die 900! Viele pflegen beste altmünstersche Kneipenkultur, andere sind Szenekneipen hauptsächlich für die Jugend oder wie die berühmten „Charlotte"-Pommesbuden. Es sind nahezu alle typischen und viele nicht typische National-Gastronomien vertreten. Etliche wechseln oder schließen fast ebenso schnell, wie sie eröffnet wurden.

Stets belebt, der Platz am Kiepenkerldenkmal mit den beiden Kiepenkerl-Gaststätten.

Der Kiepenkerl am Spiekerhof oder „große" Kiepenkerl ist das Stammhaus der Germania-Brauerei: Die 1899 von Friedrich Dieninghoff begründete Brauerei stellte 1984 die Produktion ein. Ihre Tradition wird seit 1994 von der Iserlohner Brauerei weitergeführt.

Biergärten (hier „Kruse Baimken") sind vermutlich eine bayrische Erfindung, die mit großem Enthusiasmus ins norddeutsche Münster importiert wurde.

Die Gaststätte „Heulende Kurve" (seit einigen Jahren „Bunter Vogel") am Alten Steinweg hat einen der originellsten Kneipenausleger – einen Straßenbahnwagen, der an das „Heulen" der Bahn in eben jener Kurve erinnert. Die letzte Straßenbahn fuhr 1954 aufs Abstellgleis, 1901 war der Betrieb aufgenommen worden.

Kunst auf der Tankstelle: Das „Gasolin“ ist ein origineller Kneipenplatz.

Rundum verglast erinnert das Objekt an eine Art Silo.

„Von allen Städten Westfalens ist Münster die vornehmste. Ja, in ganz Deutschland gibt es keine, die ihr darin gleichkommt.“
Ricarda Huch

Ebenfalls eine Kneipe mit verkehrlicher Vergangenheit: das originelle „Gasolin“ an der Aegidiistraße, in den Räumlichkeiten einer ehemaligen schnuckeligen Tankstelle, die mit ihrem 50er-Jahre-Flair eigentlich selbst schon Denkmalwert gehabt hätte. Damit nicht genug, 1997 während der Skulpturenausstellung hatte der Kanadier Kim Adams die stillgelegte Tankstelle zu einem Kunstwerk umgebaut mit dem beziehungsreichen Titel „Auto Office Haus“. Dazu setzte er das Office-Haus auf das Dach der Tankstelle – eine Art künstlerischer Hausbesetzung – und garnierte es mit kleinen Fahrrädern, die inzwischen allerdings im Innern gelandet sind. Der Künstler wollte damit Arbeit, Wohnen und Bewegung auf einen Nenner bringen.

Café Schucan – eine Legende

Der große Wartesaal hatte eine eigenartig anziehende Atmosphäre. Manche Besucher kamen nur des Schucans wegen nach Münster.

Es war ein Schock für die Öffentlichkeit, als 1988 Café Schucan geschlossen wurde, „das Schucan“, eines der berühmtesten Kaffeehäuser in Deutschland. Der Schweizer Otto Schucan war 1894 nach Münster gekommen und hatte das Café zum begehrten Treffpunkt ausgebaut. In diesem eher ungemütlichen Wartesaal wollte man sehen und gesehen werden – und natürlich guten Vollmer-Kaffee trinken. Zwar führte die Douglas Holding das verkleinerte Café einige Jahre weiter, der Versuch war aber zum Scheitern verurteilt – die einmalige Atmosphäre war hin, die Gäste blieben aus.

Der Türbalken mit dem Originalschriftzug ist geblieben.

Die Auslagen im Schaufenster am Prinzipalmarkt lockten mit Leckereien für Schleckermäuler: Schucans Gebäck und Torten waren von auffallender Qualität, die allerdings auch ihren Preis hatte.

„Ich kenne keine deutsche Stadt mit besseren und gemütlicheren Kneipen als Münster."

NORBERT BLÜM, Politiker und langjähriger Minister

Die Kreuzstraße im Kuhviertel ist eine der beliebtesten Kneipengassen der Stadt. Der Name des Kuhviertels erinnert daran, dass in früheren Zeiten auch in der Stadt viel Vieh gehalten wurde. Der deshalb üble Zustand der Straßen wurde in alten Chroniken oft genug beklagt.

Undurchdringlich scheint meist der Fahrraddschungel an den Brennpunkten des Fahrradverkehrs.

Die Hauptstadt der Leezen

Leeze sagt der Münsteraner, wenn er Fahrrad meint. Leeze stammt wahrscheinlich aus der Masematte, der münsterschen Eigensprache der Maurer und Handwerker. In der Stadt Münster gibt es mehr Fahrräder als Einwohner – 350 000 schätzen die Experten, gezählt hat sie niemand. Zum Glück sind die nicht alle gleichzeitig unterwegs, sondern buchstäblich unzählige stehen tagsüber oder gar wochenlang dort, wo sich Radlerwege kreuzen. Also in Fußgängerzonen, am Bahnhof, an Universitätsgebäuden. Sie bilden einen teils undurchdringlichen Dschungel, in den die Stadt mit mahnenden Schildern Ordnung bringen möchte. Gelingt aber nicht. Wenn man hört, dass etwa ein Drittel der Münsteraner ausschließlich mit dem Fahrrad fährt, muss das chaotische Abstellen, diese unschöne Kehrseite des umweltfreundlichen Verkehrsmittels, wohl hingenommen werden. Nicht hinnehmbar dagegen ist, dass viele Radfahrer meinen, sich eigene Verkehrsregeln basteln zu können.

Die Bitte dieses Schildes am Drubbel vor etlichen Fahrradständern mutet ein wenig hilflos an. Es gibt kein Rezept gegen „ordnungswidrig“ abgestellte Fahrräder.

Kühne Architektur am Bahnhofsvorplatz, das gläserne Parkhaus mit 3000 Fahrradstellplätzen, die gern von Pendlern genutzt werden. Das wilde Abstellen von Fahrrädern im Bahnhofsumfeld konnte damit nur zum Teil behoben werden.

Seit 1999 hat Münster ein Parkhaus für mehr als 3000 Fahrräder. Genau genommen eine Tiefgarage. Eine Fahrradstation im Fachjargon: Leezoleum oder Speichenstall. Mit Kosten von 13 Millionen Mark baute die Stadt diese Station in bevorzugter Verkehrslage vor dem Bahnhof, um dem Chaos von nahezu 4000 abgestellten Fahrrädern in unmittelbarer Nähe gegenzusteuern. Mit der Bahn anreisende Gäste mussten diesen Leezenwirrwarr zum Empfang als hässliche Visitenkarte der Stadt empfinden. Das teure neue Fahrradparkhaus zählt immerhin im Schnitt pro Tag 1700 Kunden.

In Reih und Glied und trocken und sicher: Zur Fahrradstation gehört auch eine Servicewerkstatt.

In Münster fährt jedermann Fahrrad, von der Schülerin bis zum Manager. Oberbürgermeister Dr. Berthold Tillmann macht da keine Ausnahme.

Das Fahrrad ist das demokratische Verkehrsmittel schlechthin, das keine Standesunterschiede kennt. In Münster fährt jeder Fahrrad, der Schüler und der Student, der Kaufmann vom Prinzipalmarkt und der Angestellte einer kleinen Firma, Jung und Alt. Und viele auch bei jedem Wetter – gegen Regen gibt es schließlich Regenkleidung. Mit dem Fahrrad fährt der Oberbürgermeister, und mit dem Fahrrad fährt die Polizei auf Streife. Das Fahrrad ist das Verkehrsmittel, das jeden auf direktem Wege unmittelbar zu seinem Ziel bringt.

Zünftig – Polizeistreife auf dem Fahrrad, mobil und flexibel. Die Polizei führt auch regelmäßige Kontrollen durch, um Fahrraddiebstähle einzudämmen. „Beliebt" ist das „Ausleihen" von Rädern, wenn nachts der letzte Bus verpasst ist.

Pättkesfahrten durchs Münsterland erfreuen sich auch bei Touristen großer Beliebtheit. Das Gepäck wird dann von Ort zu Ort gebracht.

Die Pättkes in Münster und im Münsterland sind berühmt: Kleine Pfade abseits der verkehrsreichen Straßen. Ein ganzes Netz Tausender solcher Radwanderwege haben das Münsterland zum Pättkesland werden lassen. Mit eigenem Pättkesführer, den (wer sonst?) Theo Breider 1958 erstmals vorstellte. Diese Pättkes verlaufen heute überwiegend über asphaltierte Wirtschaftswege, was natürlich das Radeln erleichtern. Und sie sind ebenfalls überwiegend eben, flach, also radfahrerfreundlich. Allerdings kann der fast ständig aus West wehende Wind für eine harte Bergprüfung sorgen, wenn man dagegen antreten muss. Pättkespionier Theo Breider hatte sogar einen PPKM gegründet, einen Presse-Pättkes-Klub-Münster. Inzwischen hat der Pättkesführer von Aschendorff eine Auflage von nahezu 200 000 Exemplaren erreicht. Er beschreibt 85 Radtouren, die Sandsteinroute, die 100-Schlösser-Route und viele mehr. Er gibt Informationen und Tipps und wird ständig auf den neuesten Stand gebracht.

Münster ohne Aasee – das ist heute gar nicht mehr vorstellbar. Und doch wurde mit den Arbeiten für dieses beliebteste Naherholungsgebiet erst 1926 begonnen, in seiner heutigen Form besteht er seit Mitte der 1990er Jahre.

Sailing in the City: Ein Paradies für Segler (den Aasee teilen sich zwei Segelclubs und eine Segelschule) und gelegentlich auch für Ruderer

Die Idee, die Aa als Regulierungsbecken für Hochwasser aufzustauen, war alt, war schon von Professor Landois propagiert worden. Doch erst unter Oberbürgermeister Georg Sperlich wurde sie ab 1926 in die Tat umgesetzt. Die Arbeiten zogen sich bis 1934 hin. Teilweise entpuppte sich der morastige Untergrund als (Geld) Fass ohne Boden, so dass der Volksmund die Aaüberquerung an der Himmelreichallee (heute Adenauerallee) „Goldene Brücke" taufte. Mitte der 1970er Jahre wurde der Aasee westlich der Torminbrücke erweitert, womit sich seine Fläche auf 40 Hektar verdoppelte. Die geringe Wassertiefe und die meist geringe Wasserzufuhr sorgen für nicht geringe Probleme der Wasserqualität.

„Einen eigenartigen Menschenschlag bietet Münster – urwüchsig und unverwaschen in seiner Sprache, abgeschlossen in seiner Art, wohl wert, dass man ihn studiert und sich seiner freut.“

Hermann Löns, Pauliner

Ein in Münster seltenes Vergnügen – Eislaufen auf dem zugefrorenen Aasee. Eislaufen war allerdings schon in früheren Zeiten auf den überfrorenen Überschwemmungsflächen beliebt und wurde vom deutsch-französischen Komponisten Giacomo Meyerbeer gar zur Kunstform erhoben: Für seine Oper „Der Prophet“, die auf die Wiedertäufer gemünzt war, komponierte er im 19. Jahrhundert ein großes Eisballett vor den Wällen der „Sionsstadt“.

Großer Käpt'n auf kleiner Fahrt

Jochen Kauer ist Käpt'n auf seinem eigenen „Dampfer", der seit Ostern 1975 auf der einzigen münsterschen Schifffahrtslinie die „Goldene Brücke" mit dem Zoo verbindet: Während des Sommers kutschiert der Wasserbus „Professor Landois" täglich im Stundentakt die Gäste hin und her, mit Zwischenhalt am Mühlenhof. Das können schon bis zu 40 000 pro Jahr werden. Die Idee zum Wasserbus hatte Heinz Overschmidt, der holländische Grachtenboote zum Vorbild nahm. Mit zwei Schrauben und starken Elektromagneten zum Anlegen ist der Wasserbus auf fremde Hilfe nicht angewiesen. Was macht ein Kapitän, der alle Scheine und Patente hat, im Winter? Er ist leidenschaftlicher Segler in südlichen Gefilden.

Mit ruhiger Hand steuert Jochen Kauer die „Professor Landois" über den Aasee. Seit 1981 betreibt er den Wasserbus in Eigenregie.

Die Torminbrücke über den Aasee ist Geschichte, das expressionistische Baudenkmal wurde 1984 wegen Baufälligkeit abgebrochen. Geplant wurde die alte Brücke von Alfred Hensen im Zuge des Aaseeausbaus, benannt ist sie nach Richard Tormin, dem damaligen Chef der Stadtwerke.

Das Aatal zwischen Nienberge und Roxel als Überschwemmungsgebiet: Im Hintergrund Hof Schedding mit dem Sandsteinspeicher von 1582.

Ebenfalls ein Überschwemmungsgebiet, aber Mitte der 1990er Jahre von Menschenhand künstlich geschaffen: Zwischen Aasee und Haus Kump wurde eine ehemalige Wiese zu einem Biotop umgestaltet, das rasch von der Wasservogelwelt angenommen wurde. Im Gegensatz zu den anderen beiden Aasee-Teilen dient dieser dritte nicht der Erholung, sondern der Ökologie.

Das Spielzeug der Riesen

Wenn ein Riese Billard spielen will, geht er zum münsterschen Aasee: Die Giant Pool Balls sind längst in das Stadtbild integriert, 1977 waren sie der spektakuläre Auftakt der ersten Skulpturenausstellung im öffentlichen Raum – die ganze Stadt wurde in eine Galerie für die Kunstavantgarde der Welt verwandelt. Claes Oldenburg, Wahlamerikaner und Schöpfer der Riesenkugeln, führte damals die Hitliste der Künstler an. Für das konservative Münster war diese tägliche Konfrontation mit zeitgenössischer Kunst in der alltäglichen Umgebung zunächst ein Schock, etwas vollkommen Neues – eine heftige öffentliche Diskussion setzte über die öffentliche Kunst ein. Inzwischen hat Münster den Rang einer Hochburg moderner Kunst im Stadtraum.

Sie waren das Werbezeichen für die Skulptur 1977 und sind zu einem Wahrzeichen der Stadt geworden, die „Giant Pool Balls" am Aasee von Claes Oldenburg.

Die Betonhalbkugeln wurden in Roxel beim Bauunternehmen Borchard gegossen – Künstler Claes Oldenburg (re.) 1977 im Gespräch mit Bauunternehmer Hermann Peter Borchard.

Die Kirschensäule von Thomas Schütte, Beitrag zur Skulpturenausstellung 1987, war schon eine Provokation, denn damals wurde der Harsewinkelplatz noch mit Autos zugestellt. Diese popartige Kirschensäule wirkte in dieser Umgebung eher wie die Karikatur einer Skulptur im öffentlichen Raum. Die Ausstellungsmacher bezeichneten denn auch den Platz als gesichtslos. Inzwischen hat er mit der Kirschensäule ein Gesicht erhalten.

Ein Schiff für Münster am Rande von Gievenbeck ist gestaltete Natur. Der Künstler Ludger Gerdes wollte damit 1987 auch an Wasserburgen erinnern oder den Kanal. Und das Schiff ist für ihn auch ein Lebensbild: „Wie Schiffer sind wir, die ihr Schiff auf offener See umbauen müssen, ohne es jemals in einem Dock zerlegen und aus besten Bestandteilen neu errichten zu können", zitiert er den Philosophen Otto Neurath.

Einer der Publikumslieblinge der Skulpturenausstellung 1997, diese Skulptur, die eigentlich nur ein Anlegesteg ist. Ein Pier eben. Die Menschen genossen es, auf der Aussichtsplattform überm Wasser zu sitzen und mit den Füßen auch die Seele baumeln zu lassen. Der Künstler Jorge Pardo lebt, wo sonst, in den USA.

Eine poetische Liebeserklärung. An die Natur? An Goethe? An die Menschen? An das Spiel? An den Himmel? Dieser Sendemast mit seiner Antenne in 15 Metern Höhe ist einer der schönsten Beiträge der Skulpturenausstellung '97 von Ilya Kabakov. Die feinen Buchstaben formen sich zu einem Goethe-Zitat: „Mein Lieber! Du liegst im Gras, den Kopf im Nacken, um Dich herum keine Menschenseele, Du hörst nur den Wind und schaust dort hinauf in den offenen Himmel – in das Blau dort oben, wo die Wolken ziehen –, das ist vielleicht das Schönste, was Du im Leben getan und gesehen hast."

Der Wewerka-Pavillon am Aasee gleicht mit seiner durchsichtigen Architektur selbst schon einem Kunstwerk – vom Künstler und Architekten Stefan Wewerka aus Lauenförde. Der Pavillon wird gern angenommen von Studenten der Kunstakademie für Ausstellungen.

Ochs und Pferd (wieder) auf dem Ludgeriplatz, der Skulpturenausstellung von 1987 sei Dank.

„Wenn ich in einer schönen Stadt war, habe ich immer gesagt, sie sei die zweitschönste in Deutschland. Damit provozierte ich die Frage, welche denn die schönste sei. Und dann habe ich gesagt: Münster."

Theodor Heuss,
Bundespräsident

Denkmal wird Skulptur

Eine Skulptur? Ein Beitrag zur Skulpturenausstellung 1987? Ja – aber. Natürlich sind die Figuren viel älter. Karl Heinz Bernewitz schuf 1903 bis 1908 diese Figurengruppe, die die enge Verbindung der Stadt mit der bäuerlichen Landschaft ausdrücken sollte. Folgerichtig begrüßte sie die Ankommenden mitten auf dem Ludgeriplatz. Mit dem Neubau (1964) des Kreishauses (Stadthaus II am Ludgeriplatz) wurden „Magd und Ochs" und „Bauer und Pferd" vor dem Haus aufgestellt. Und dann kam der Schweizer Rémy Zaugg und zauberte die Figuren wieder mitten auf den Ludgeriplatz. Ein verblüffend einfacher Beitrag zur Skulpturenausstellung, zudem recht preiswert, da er auch nach Ende der Ausstellung keine Beseitigungskosten verursachte.

Hier herrscht das Vergnügen

Das Sendschwert am Rathaus, ursprünglich Fri-Schwert oder Freiheitsschwert, sollte die Friedenspflicht während der Jahrmärkte betonen. 1578 (laut Stadthistoriker Kirchhoff) wurde es zum Herbstsend erstmalig angebracht.

Der Name Send, das ist oft beschrieben, ist abgeleitet von Synode, also ursprünglich der Zusammenkunft der Gläubigen des Bistums, die natürlich versorgt werden mussten und Vergnügen brauchten. Und damit waren Markt und Rummel geboren – der Send eben. Lange Jahre fand der Send auf dem Domplatz statt, seinem Entstehungsort, sogar der Kreuzgang des Domes wurde von Sendhändlern genutzt. Auch nach dem letzten Kriege wurde er auf dem Domplatz wieder belebt, bis er auf dem Hindenburgplatz seinen endgültigen Ort fand. Heute dominiert die Technik auf dem Send – schneller, höher, atemberaubender lautet die Devise. Dazwischen haben sich jedoch einige Buden und Ecken erhalten, die nostalgisch die Erinnerung an den alten Rummel pflegen.

Send, Kirmes, Jahrmarkt, Rummel – eine einzige große Vergnügungsstadt für Kinder und Erwachsene. Münsters Send auf dem Hindenburgplatz zieht dreimal im Jahr Hunderttausende an.

Dieser trinkende Mann führte bei jedem Treffer auf der Zielscheibe sein Glas zum Mund und verdrehte dabei die Augen: Detail der nostalgischen Schießbude im Stadtmuseum.

Absolut museumsreif, die Schießhalle von Schönhagen-Genert im Stadtmuseum, deren älteste Teile von 1886 stammen und die 1914 mit der köstlichen Karikatur auf die Varusschlacht ergänzt wurde: „Als die Römer frech geworden, zogen sie nach Deutschlands Norden. Vorne mit Trompetenschall ritt der Generalfeldmarschall Herr Quintilius Varus." Die originellen Figuren der Schießhalle, Ölmalerei auf Eisenblech, sind eine Fundgrube für Volkskundler.

Da leuchten nicht nur Kinderaugen: Der Laden Henke von 1911 aus der Raesfeldstraße im Kreuzviertel ist ein Schmuckstück für das Stadtmuseum. Er war der typische Tante-Emma-Laden, in dem man auch noch Zeit zum Quatern hatte. Der Laden wurde in dieser (zum Glück nie modernisierten) Form bis 1989 betrieben. Auch die technische Ausstattung entspricht dem Stand der 20er und 30er Jahre.

Der Laden Henke in seiner originalen Ausstattung ist eine Augenweide.

Das Schaufenster des alten Ladens „Henke“

Der Holländer Theodorus Niemeyer verkaufte Tabak aus seiner Dose.

1989 konnte das Stadtmuseum sein neues Gebäude im ehemaligen Kaufhaus Rawe/Karstadt (Fassade von 1913) an der Salzstraße beziehen. Vorausgegangen war 1982 die erste Ausstellung im Gerling-Haus durch Museumsgründer Hans Galen. Angestoßen worden war die Gründung 1978 durch einen Kreis münsterscher Bürger um den Rechtsanwalt Dr. Ludger Baumeister.

Ein geheimnisvoller Männerkopf, von einer Gloriole umgeben. Er wird in die Zeit um 800 datiert.

Die Trümmerlore ist Symbol für den harten und schwierigen Wiederaufbau der Stadt.

Ein geheimnisvolles Gesicht, wie entrückt, ein Seher, ein wissender Magier? Dieses Fragment im Stadtmuseum dürfte der älteste bearbeitete Stein Münsters sein. Er wurde gefunden beim Wiederaufbau des zerbombten Domes nach dem Zweiten Weltkrieg – also Bestandteil eines älteren Domes. Die Stilanalyse führt in die Anfänge Münsters, in die Zeit um 800, als Liudger den ersten Dom baute. Der Stil weist sowohl auf Italien als auch England hin, Liudger hatte in beiden Ländern studiert.
Welch ein Kontrast: Auch die Trümmerlore steht für einen gewichtigen Abschnitt der Geschichte der Stadt, als mit ihrer Hilfe, mit Feldbahngleisen und kleinen Lokomotiven unendliche Mengen von Schutt der zerbombten Häuser abgefahren wurde, um Platz für den Wiederaufbau zu schaffen. Es war schwerste Handarbeit, die von Frauen und Männern geleistet wurde.

Auftritt für ein Jahrhundertgenie

Pablo Picasso hat vermutlich den Namen Münster nie gehört und nichts von der Stadt gewusst. Aber: Münster zeigt seit dem 10. September 2000 eine der bedeutendsten Picasso-Sammlungen der Welt – nämlich das vollständige graphische Werk. Und das ist in erster Linie dem leidenschaftlichen Privatsammler Gert Huizinga aus Lengerich zu verdanken, der vier Jahrzehnte lang mit letzter Konsequenz, jedoch unter absolutem Ausschluss der Öffentlichkeit Picassos sammelte: „Erst hatte ich nur eine kleine Sammlung, dann hatte die Sammlung mich“, sagte er später. Das war die Zeit, als sich sein Weg mit dem des damaligen Steinfurter Oberkreisdirektors Dr. Heinrich Hoffschulte kreuzte, der nun nach einem tragfähigen Fundament für ein Museum suchte. Und das alles im Verborgenen. Das Fundament fand sich schließlich in einer Sparkassenstiftung – die Sammlung war für Westfalen und Münster gerettet. Die Sensation für eine kulturinteressierte Öffentlichkeit zu Ostern 1997 war perfekt. Die Sparkasse Münster stellte dann zwei ihrer alten Höfe an der Königsstraße bereit, die modern ausgebaut dem Jahrhundertgenie Pablo Picasso einen einzigartigen Auftritt bieten.

„Was gibt es Gefährlicheres, als verstanden zu werden? Umso mehr, als es das gar nicht gibt. Immer wird man verkehrt verstanden.“

Pablo Picasso

Ein riesiges Picasso-Porträt wirbt für das Picasso-Museum an der Königsstraße.

Die Presse von Fernand Mourlot in Paris, auf der er die Lithographien von Picasso druckte, steht im Picasso-Museum.

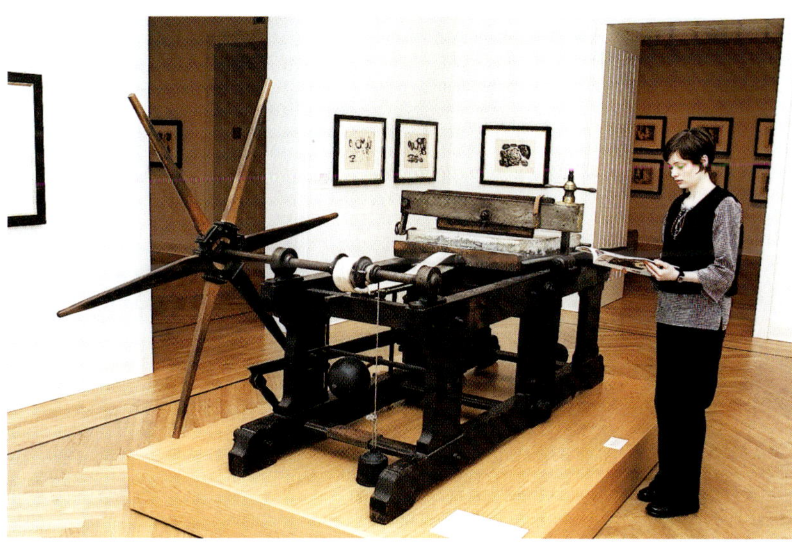

Die Tafelmalerei verschafft dem regionalen Museum internationale Anerkennung: Hier ein Werk von Johann Koerbecke (ca. 1420 bis ca. 1490), dem führenden Maler im Münster des 15. Jahrhunderts, für die Kirche der Johanniterkommende in Münster: Johannes der Täufer als Verkünder Christi.

Die Lichtskulptur von Otto Piene am Erweiterungsbau des Landesmuseums von 1970

Das Landesmuseum für Kunst und Kulturgeschichte oder kurz „das Landesmuseum“ ist das museale Flaggschiff des Landschaftsverbandes. Es wurde 1908 als zentrales Kunstmuseum für Westfalen am Domplatz eröffnet und konnte für seine Bestände auf Sammlungen der älteren Institutionen des Westfälischen Kunstvereins und des Altertumsvereins zurückgreifen. Glanzstücke der umfangreichen Sammlung sind die gemalten Predigten der mittelalterlichen Sakralkunst.

Die „Laborprobe" von Olaf Metzel im Obergeschoss des Altbaus muss wohl nicht „ganz geglückt" sein, jedenfalls hat der Künstler den „Prozess der Zerstörung" eingefangen.

Moderne Kunst im alten Bau

Das Landesmuseum ist federführend in den auch international beachteten Skulpturenausstellungen, was zum Aufbau einer Sammlung regionaler und internationaler zeitgenössischer Kunst geführt hat. Die „Moderne Galerie" umfasst u.a. Künstler, deren Arbeiten in Folge der Skulpturenausstellungen auch im Stadtbild vertreten sind, wie Ulrich Rückriem, und Künstler, deren Werke wieder abgebaut wurden, wie Olaf Metzel, dessen 1987 in den Putz der Erphokirche geschlagener Kruzifixus wieder zugeputzt wurde, nachdem er kräftig für Furore gesorgt hatte.

Die historisierende Architektur des Landesmuseums bildet einen wirkungsvollen Kontrast zur modernen Kunst. Besonders geeignet ist dafür der mehrgeschossige Lichthof.

Zu schön und wertvoll, um benutzt zu werden – ein Schreibtisch aus Japan, um 1700 in Goldstreutechnik gefertigt. Das Motiv ist eine Flusslandschaft mit blühendem Pflaumenbaum.

Diese junge Dame blickt von einer Schnupftabakdose, 1815 in Braunschweig geschaffen.

„Inro" aus dem Japan des 19. Jahrhunderts, ein Behälter für Arzneien oder Stempelfarbe, den japanische Männer am Gürtel trugen.

Eine Schatzkammer für die Augen oder „Wunderkammer", wie die Museumsexperten selbst sagen, ist das Museum für Lackkunst, das die BASF Coatings 1993 an der Windthorststraße eröffnete. Den Grundstein dafür hatten zwei große Sammlungen gelegt. Die faszinierende Lackkunst ging früh von Ostasien aus, Werke aus China und Japan bilden denn auch einen Schwerpunkt des Hauses. Die in aufwändigen Verfahren geschaffenen Kunststücke waren Prestigeobjekte für die wohlhabende Oberschicht. Aber auch gehobene Gegenstände des Alltags wie Dosen oder Kästen und Möbel wurden mit Lackdekor geschmückt.

Zart und zerbrechlich wirken diese Schwämme (Verwandte der Badeschwämme) aus der Oberkreide (rund 70 Millionen Jahre alt), gefunden bei Rosendahl-Holtwick.

Praparator Markus Brinkmann demonstriert mit diesem Oberschenkelknochen die Größe des Iguanodons.

Kreide, Kohle, Eiszeit

Der Besucher wird geradezu pompös empfangen, denn er steht unvermittelt zwischen den ausladenden Stoßzähnen eines Mammuts, 1910 bei Ahlen gefunden, Zeuge der Eiszeit und der frühen Jäger. Dieses einzige (fast) vollständige Mammutskelett in Deutschland ist der viel bestaunte und viel fotografierte Star des Geologisch-Paläontologischen Museums in der Landsbergschen Domkurie an der Pferdegasse, in dem das Universitäts-Museum seit 1880 beheimatet ist. Mit dem Gründungsjahr 1824 ist es das älteste Museum in Westfalen. Eine respektable Schlangenhalsechse bringt es auf stattliche 140 Millionen Jahre, und das Iguanodon, dessen Knochen vor einigen Jahren in einem Steinbruch bei Brilon ausgebuddelt wurden, dürfte vor etwa 115 Millionen Jahren gelebt haben. Die Rekonstruktion des Skelettes korrigierte übrigens bislang verbreitete Vorstellungen über diese Saurierart. Neben der westfälischen Kohle ist die Kreidezeit gut dokumentiert, denn aus dem flachen Meer des Münsterländer Kreidebeckens wurden lebensecht wirkende Fische und hauchzarte Schwämme geborgen.

Eine Muschel aus der Oberkreide – Eudocostea baltica (Fundort Dülmen)

Steht am Empfang parat, das Mammut, 1910 bei Ahlen gefunden.

Ein Museum zur Erinnerung an die Heimat

Ein Prunk- und Pracht-Zimmer im Stile des „Danziger Barocks" aus der Zeit um 1900 empfängt die Besucher im Erdgeschoss des Westpreußischen Landesmuseums.

Es ist die alte frühere deutsche Region zwischen Danzig und Thorn, zwischen Deutschkrone und Elbing, deren Tradition, Geschichte und Kultur seit 1975 im Westpreußischen Landesmuseum (Drostenhof Wolbeck) gepflegt und erforscht wird. In jüngerer Zeit ist es erfreulicherweise zur Kooperation mit polnischen Museen für gemeinsame Ausstellungen gekommen. Die Sammlung auf engem Raum ist breit gefächert, reicht von der Majolika-Büste des letzten deutschen Kaisers, 1904 in Cadinen entstanden, bis zum riesigen Modell der Marienburg, Sitz des Deutschen Ordens, die zum Weltkulturerbe gehört, vom Schiffsmodell wie „Peter von Danzig" bis zum „Danzig-Zimmer", das die einzigartige Möbelkunst demonstriert – den so genannten Danziger Barock um 1900. Gerade die Bürgerhäuser Danzigs und anderer Städte waren mit Prunk und Pracht ihrer Ausstattung lebendiger Ausdruck des Stolzes und Reichtums ihrer Besitzer. Das Museum im Drostenhof soll die Tradition des 1945 zerstörten Westpreußischen Landesmuseums in Danzig-Oliva fortführen.

Der Riesenammonit von Seppenrade, 1895 gefunden, blieb in seinem Ausmaß unübertroffen. Ein etwas kleinerer mit einem erhaltenen Durchmesser von 1,46 Metern wurde 1985 bei Dülmen entdeckt.

Das Naturkundemuseum, genauer gesagt: einziges Westfälisches Museum für Naturkunde, ist berühmt – wegen seiner publikumsträchtigen Ausstellungen, wegen seines großen Planetariums und wegen des Riesenammoniten, mit einem Durchmesser von 1,77 Metern der größte der Welt. 1895 wurde in einem Steinbruch bei Seppenrade der Rekordhalter gefunden. Auf einem zeitgenössischen Foto ließ sich Professor Landois mit dem Ammoniten ablichten – Marketing nennt man das.

Stattlich und wehrhaft, die Saurier vorm Eingang des Naturkundemuseums. Dieser Triceratops oder Dreihorngesicht stammt aus der Kreidezeit (vor rund 65 Millionen Jahren) und brachte es auf eine Länge bis zu neun Metern.

Theo Breider (1903–1993) verstand, die Menschen zu begeistern – für seine Vision, oberhalb des Aasees ein bäuerliches Freilichtmuseum zu schaffen. Wobei 1961 eigentlich nur die Bockwindmühle errichtet werden sollte. Aber wie das so ist: „Ne Mühle ohne Hues, dat is wie ne Kuh ohne Stiärt“, befand der Baumester. Und zur Mühle von 1748 (vormals Hof Raming-Freesen in Oberlangen bei Lathen im Emsland) kam das Mühlenhaus von 1619 (Hof Schulte Husen in der Bauerschaft Düthe-Fresenburg bei Lathen). Und zum Mühlenhaus kam … Inzwischen zählt das Freilichtmuseum mehr als 30 große und kleine Bauten. Mit Beharrlichkeit und Durchsetzungsvermögen hatte Theo Breider die Menschen überzeugt, für Münster und den Mühlenhof zu arbeiten, zu spenden, sich zu engagieren.

„Kein Mensch hat ohne Raub und Mord in Münster so viel Geld geschnorrt.“

Albrecht Beckel, Oberbürgermeister, über Baumester Theo Breider

Mehr als ein Museum – gelebte bäuerliche Kultur

Die spezielle Konstruktion der Mäusepfeilerscheune (1706 in Nienborg-Heek gebaut) sollte verhindern, dass Mäuse zum begehrten Getreide hinaufkrabbeln konnten.

Der Mühlenhof ist mehr als ein nur museales Museum: Auf ihm wird traditionsreiche Volkskunst gepflegt – wie die alte Kunst des Leierkastenmannes. Und dann dreht nicht nur einer an der Orgel, sondern es erklingen gleich an einem Dutzend Ecken die Volksweisen und Moritaten.

Der Kiepenkerl – das ist der reisende Kaufmann vergangener Zeiten: Blauer Kittel mit rotem Halstuch, schwarze Hose, natürlich Holschken, Ballonmütze und Piepe und auf dem Rücken die zehn Kilo schwere (ohne Waren!) Kiepe. Vom Mühlenhof ist diese Traditionsfigur nicht wegzudenken. Fast eine kleine Kompanie von Kiepenkerlen tut hier Dienst, die natürlich alle Plattdütsk sprechen.

Das sind längst nicht alle Kiepenkerle, die auf dem Mühlenhof Dienst tun, aber immerhin elf.

In der Dorfschmiede (bis 1961 von der Familie Bangen in Gescher betrieben) demonstriert Schmied Günter Niehaus aus Münster die Kunst des uralten Handwerks, das er bei der Familie Bangen lernte.

Der Mühlenhof hortet stets alte Baumaterialien. Man kann ja nie wissen...

Feiern und Feste up de Deel

Der Mühlenhof ist ein privates Museum, Träger der Verein „De Bockwindmüel“, an dessen Spitze kein Präsident steht, sondern ein zünftiger Baas. Mit großem Geschick und Spürsinn hat der Verein wichtige Zeugen alter bäuerlicher Kultur für den Mühlenhof gerettet, beispielsweise den „herrschaftlichen“ Gräftenhof des Bauern Schulte Osterhoff in der Nienberger Bauerschaft Schonebeck. Aus dem Jahre 1720 stammt das Haupthaus mit der großen Deele und den seitlichen Ställen für Pferde und Rinder – heute ein gefragter Raum für urige Feste und Feiern, bei denen der Kiepenkerl den Abend eröffnet. Zünftig auf Plattdeutsch und meist auch in hochdeutscher „Übersetzung“.

Fortschritt gegenüber dem Dreschflegel war dieser motorgetriebene Breitdrescher, der bis in die 1960er Jahre in Betrieb war.

Hier wird die Spreu vom Weizen getrennt: Im abgestimmten Rhythmus fliegen die Dreschflegel auf die Garbe – schwere Arbeit früher für die Bauern und ihre Knechte. Im Hintergrund der Erntewagen.

„Mein Fritz lebt nun im Vaterland der Schinken, im Zauberland, wo Schweinebohnen blühen, im dunklen Ofen Pumpernickel glühen, wo Dichtergeist erlahmt und Verse hinken."

Heinrich Heine

Eine Köstlichkeit, diese Landschule aus der Bauerschaft Ringel bei Lengerich: 1823 wurde sie gebaut, in dem einzigen Klassenzimmer wurden stets mehrere Jahrgänge von Kindern von einem Dorfschulmeister unterrichtet. Die alte Einrichtung vermittelt heute den Kindern einen anschaulichen Eindruck von der „guten alten" Zeit, wie man so sagt.

Der Blick in den „westfälischen Himmel": Über der offenen Feuerstelle werden Schinken und Würste über Buchenholz geräuchert. Dieses Mühlenhaus hat keinen Schornstein, Menschen und Tiere wurden mit geräuchert.

Das Füttern der asiatischen Elefanten mit Äpfeln, Möhren und Broten ist für Besucher eine große Attraktion, und die Elefanten scheinen sichtlich diese Aufmerksamkeit zu genießen.

Arche für die Tiere der Welt

Der Zoo in Münster hat streng genommen zwei Gründungsdaten – 1875 durch Professor Hermann Landois im alten begrenzten Gelände zwischen Promenade und Himmelreichallee und 1974 als Allwetterzoo auf der Sentruper Höhe mit ganz neuen Entwicklungsmöglichkeiten, der Besucher aus dem weiten Umkreis anzieht. Zoo heute – das ist nicht mehr nur die Zurschaustellung exotischer Tiere in engen Käfigen, Zoo heute bedeutet neben dem Edutainment (Bildung und Unterhaltung) für die Besucher vor allem auch die Erhaltung bedrohter Tierarten. Der Zoo als Arche.

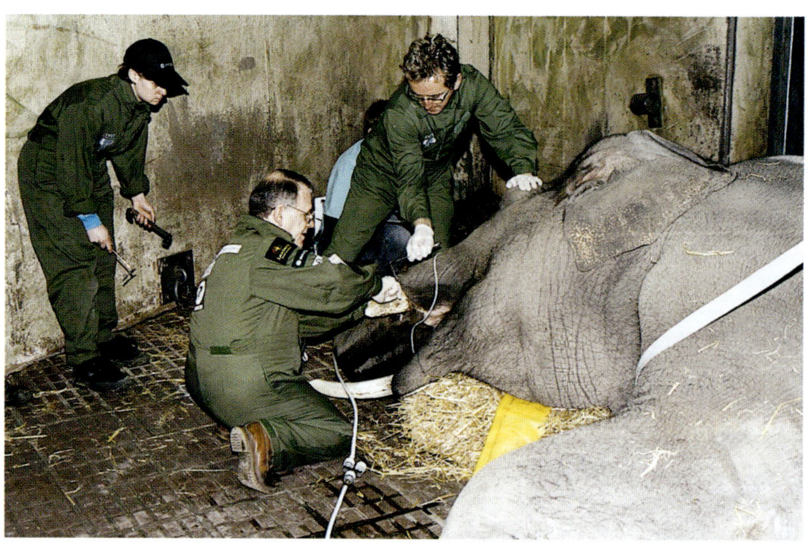

Wenn ein Elefant zum Zahnarzt muss, dann kommen die Spezialisten (u.a. aus London) ins Elefantenhaus: 2000 musste bei „Chamundi" ein abgebrochener und entzündeter Stoßzahn herausgebohrt werden, was insgesamt vier Stunden dauerte.

„Anmuthige Rehe, die grimassenschneidende Sippschaft der Affen, ein paar hochmüthige verdrießliche Bären und das muntere Volk der Vögel sind für jeden Besucher eine nie versiegende Quelle der Unterhaltung."

Westf. Merkur
20. Januar 1874

Der Streichelzoo erfreut sich vor allem bei Kindern großer Beliebtheit. Die Zwergziegen sind sehr zutraulich, fallen jedoch, wenn sie Futter wittern, gierig über die kleinen Menschen her.

Bunte Farbtupfer bilden die hellroten Aras aus Südamerika.

Die Krauskopfpelikane in der Nähe des Elefantenhauses können ihre Flügel bis zu dreieinhalb Metern spannen.

Vier Breitmaulnashörner leben im Zoo. Die Schwergewichte bringen bis zu drei Tonnen auf die Waage.

„Wel 't von vörn nich lieden kann, mag 't Achterdeel betrachten."
Hermann Landois, Zoogründer, über sein Denkmal

Pinguine beäugen neugierig das Betondenkmal, das ihrem Kollegen Nr. 137 gesetzt wurde.

Brillenpinguin Nr. 137 hat es zu Berühmtheit gebracht: Nach ihm wurde im November 1998 tagelang gesucht und gefahndet, jeder Strauch am Aasee umgelegt, eine Hellseherin eingeschaltet – Pinguin 137 blieb verschwunden, einfach ausgebüxt, spurlos, erklärungslos. Der pilgernde Pinguin beschäftigte Zeitungen und Fernsehen und erwies sich so als gewiefter PR-Manager. Münsters Zoo erfreute sich eines europaweiten Interesses. Dank Pinguin Nr. 137.

Ausgang für die Pinguine: Tierpfleger Peter Vollbracht, eine Art „Oberpinguin", sorgt regelmäßig für die Bewegung der watschelnden Frackträger. Warum sich eine der Damen ausgerechnet ihn zum Partner auserkoren hat, weiß er nicht, aber das selbst gebaute Nest hat sie ihm schon gezeigt.

Die Tuckesburg auf dem alten Zoogelände, die sich Hermann Landois als Wohnhaus errichtete.

Das Elefantenhaus mit seinem Minarett auf dem alten Zoogelände: eine singuläre Vorkriegsaufnahme. Das Minarett wurde nicht wieder aufgebaut.

Zwischen Wissenschaft und Original

Der „unwiese“ Prof. Hermann Landois (1835–1905) war mehr als ein stadtbekanntes münstersches Original mit unzähligen Anekdoten, das gern dargestellt wird, er war vielseitiger Wissenschaftler und vor allem „Vollblutzoologe“, wie Zoodirektor H. Jörg Adler attestiert. Landois war Lehrer am Paulinum, habilitierte sich und erhielt 1876 die neu eingerichtete Professur für Zoologie an der damaligen Akademie. Er gründete nicht nur 1875 den Zoo, sondern sechs Jahre später auch das Naturkundemuseum auf dem Zoogelände. Landois war systematischer Forscher und brachte zahlreiche Publikationen heraus. Darüber hinaus – auf Landois geht die Gründung der AZG im Jahre 1875 zurück, der Abendgesellschaft Zoologischer Garten, die plattdeutsche Possen spielt und mit ihren Erlösen die Anschaffung von Tieren finanziert. Spezialität der AZG – auch die Frauenrollen wu(e)rden von Männern gespielt.

Landois neben Landois: Zu Lebzeiten ließ sich der Zoogründer sein eigenes Denkmal vom Bildhauer August Schmiemann bauen. 1900 zur Silberhochzeit des Zoos entstand diese Fotografie. Das Landois-Denkmal steht heute im Allwetterzoo. Der Zylinder hat hinten ein Flugloch, damit Vögel in ihm nisten können.

Alma mater – die Stadt

Der münstersche Bildhauer Heinrich Fleige schuf 1875 das Denkmal des Universitätsgründers Franz von Fürstenberg (vor dem Fürstenberghaus am Domplatz).

Volle Hörsäle sind für Prof. Dr. Heinz Lothar Grob Lehralltag.

In zwei Mensen werden täglich Tausende von Studierenden beköstigt.

Bücher kilometerweise – allein die UB verfügt über mehr als 50 km.

der Denker und Forscher

Ein stiller Studienplatz hat in der Uni Seltenheitswert.

Die Universität ist eine Stadt in der Stadt. Mit weit über 40 000 Studierenden und rund 10 000 Bediensteten erreicht sie schon die Größe einer Mittelstadt. Im Stadtbild ist sie allgegenwärtig, durch die vielen jungen Menschen, durch die vielen Gebäude, die sich vom Domplatz bis nach Gievenbeck hin ziehen, durch ihr Lehrangebot, das gern auch von Seniorstudenten genutzt wird.

In Nordrhein-Westfalen gehört sie mit Köln und Bonn zu den alten Universitäten, in Deutschland jedoch ist sie mit dem Gründungsjahr 1780 ein Spätling. Generalvikar Franz von Fürstenberg war der geistige Vater und Organisator der ersten Universität, die bewusst kirchlich-katholisch ausgerichtet war. Ganz im traditionellen Stil war sie noch von Papst (Clemens XIV.) und Kaiser (Joseph II.) privilegiert worden. Die Preußenzeit überstand sie nicht, sie wurde 1818 geschlossen. Erst 1902 gelang es in einer Gemeinschaftsaktion von Stadt, Provinzialverband und Adel, die Universität neu zu begründen. Kaiser Wilhelm II. geruhte dann 1907, der Universität den Titel „Westfälische Wilhelms-Universität" zu verleihen.

Das alles ist Geschichte von gestern, die den wenigsten der über 40 000 Studierenden bekannt sein dürfte.

Die Nanotechnologie erlaubt die Herstellung winzigster Strukturen, hier Goldstrukturen, die jeweils eine Größe von etwa 100 Nanometern haben. Mit Hilfe eines Rasterkraftmikroskops wurde zwischen zwei der Goldstrukturen ein Nanodraht geschrieben. Etwa 2000 dieser Drähte würden auf ein Haar passen.

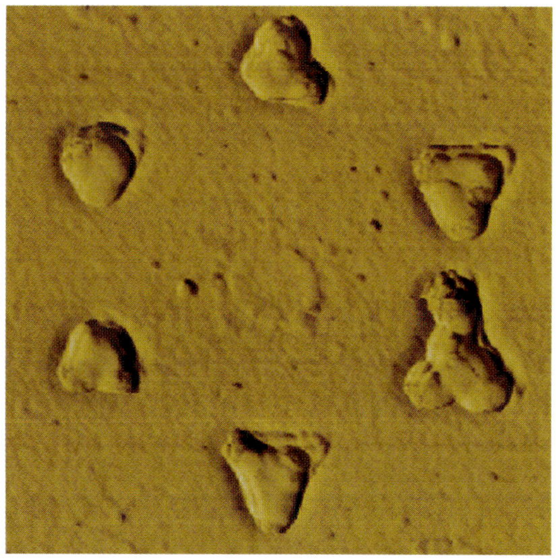

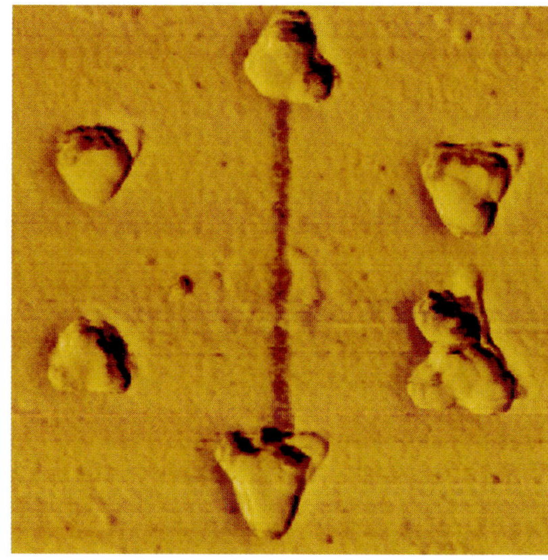

Harald Fuchs (hier mit einem chinesischen Gast) zählt zu den weltweit führenden Wissenschaftlern in der Nanotechnologie.

Der Blick ins Unsichtbare

Der Blick durch diese Supermaschine gleicht dem Blick ins Unsichtbare: Das Tunnelrastermikroskop macht Atome und Moleküle sichtbar, die gerade einmal einen Milliardstel Meter messen – 0,000 000 001 Meter oder einen Nanometer. Dieser Nanotechnologie gibt Professor Dr. Harald Fuchs eine große Zukunft: „Hier werden Schlüsselpatente entwickelt, die alle technologischen Bereiche einschließlich der Medizin betreffen." Dabei denkt er an Beschichtungen, Farbstoffe, an selbstreinigende Fensterscheiben oder ultrapräzise Oberflächenbearbeitungen beispielsweise bei Satelliten-Spiegeln. Der Einsatz der Nanotechnologie scheint unbegrenzt: Moleküle und Atome können einzeln bearbeitet werden. So gelang es Harald Fuchs vor ein paar Jahren, Oberflächen auf atomarer Skala gezielt zu verändern – ein Ansatz für zukünftige Computerspeicher.

Das Modell der Sonde, die sich nach der Landung auf dem Mars im Jahr 2007 aufklappen wird. Die Solarantennen versorgen die Geräte mit Energie.

Griff nach den Sternen: Halbharte Landung auf dem Mars

Die Planetologen müssen einen langen Atem haben, denn ihr Forschungsziel liegt 50 Millionen Kilometer oder acht Monate Sternenreise von der Erde entfernt – der so genannte rote Planet Mars, immer noch geheimnisvoll. Mit der Mission „Netlander" sollen geophysikalische Daten an vier verschiedenen Messpunkten gewonnen werden und so den Wissenschaftlern Aufschlüsse über den Aufbau des Inneren, über die Zusammensetzung der Atmosphäre und vielleicht auch Antwort auf die alte Frage liefern: Gibt es Wasser auf dem Mars? Das ehrgeizige Projekt wird im europäischen Rahmen durchgeführt, das Management zentriert sich in Münster, eben im 1985 gegründeten Institut für Planetologie bei Prof. Dr. Tilman Spohn. Außerdem koordiniert der Physiker den Bau der gesamten Hardware, muss sich auch über die Landung Gedanken machen, die nicht weich (weil zu teuer) erfolgt, sondern „halbhart", nämlich mit Fallschirm und Airbag. Diese Technik wird natürlich am Modell ausprobiert. Denn das Projekt ist nicht nur ehrgeizig, sondern auch teuer – rund 150 Millionen Euro.

„Es gehört zu den absoluten Höhepunkten, in der Mitternachtssonne im Slalom mit dem Schlauchboot zwischen Eisbergen durchzufahren oder Eisbären zu beobachten“, berichtet Karsten Piepjohn.

Forschen im ewigen Eis

Zutritt für Eisbären verboten: Das Basislager erhielt mehrfach Besuch der weißen Riesen.

Polarforschung hat in Münster Tradition, sie geht zurück auf Professor Dr. Bernhard Brockamp, der 1930 im Expeditionsteam von Alfred Wegener (Theorie der Kontinentalverschiebung) in Grönland mitarbeitete. Zur heutigen jungen Forschungscrew gehört seit einigen Jahren der Geologe Dr. Karsten Piepjohn, der mehrfach auf Spitzbergen in den Monaten Juli und August bei Temperaturen um fünf Grad Celsius mit weiteren Wissenschaftlern die Forschungszelte aufschlug. Die Analyse der arktischen Plattentektonik steht dabei im Mittelpunkt, vor allem im Vergleich mit dem grönländisch-kanadischen Pendant. Dazu ziehen die Forscher zu Fuß, mit Motorschlitten oder Schlauchboot, auch Helikopter durch die noch unberührte Wildnis und genießen es zudem, von Terminen oder Handy nicht behelligt zu werden.

Motorschlitten sind unerlässlich für das Durchqueren der weißen Wildnis.

Harte (ungewohnte) Arbeit für die Studenten, und das in der heißen Luft der Kalahari: Die Wurzeln der Teufelskralle verbuddeln sich schon bis zwei Meter weit im Boden. Fünf Knollen zu jeweils 600 Gramm sind die magere Ausbeute eines Tages.

Forschen in heißer Trockensteppe

Auf dem Dorfmarkt bieten Einheimische ihre Knollen zum Kauf an.

Der Teufelskralle auf der Spur sind Botanik-Studenten der Universität Münster in der namibischen Kalahari: Die langen Wurzeln sind für das arme Land zu einem Exportschlager geworden, da sie einen natürlichen Wirkstoff gegen Rheuma und Arthritis liefern. Unter Leitung von Professor Dr. Dieter Joachim von Willert (Institut für Ökologie der Pflanzen) untersuchen die Studenten Methoden, wie diese Pflanze unter den harten Bedingungen der Trockensteppe angebaut werden kann. Denn das Sammeln von rund neun Millionen der begehrten Wildpflanzen pro Jahr bedroht durch extremen Raubbau ihren Bestand. Die Botaniker leisten damit Grundlagenforschung und vermitteln zugleich den einheimischen Farmern Anleitung zur Zucht der Teufelskralle. Unterstützt wurde das Projekt von der Gesellschaft für technische Zusammenarbeit. Ganz nebenbei lernen die Studenten auch Land und Leute kennen.

Die letzte handschriftliche Äußerung des Reformators Martin Luther (18. Februar 1546 gestorben) weist diese Ausgabe „Die Propheten alle Deudsch" von 1544/45 auf: „Gott hat seinen Son nicht gesandt ynn die welt, das er die welt richte, sondern das die welt durch yhn selig werde." Es folgt noch eine Erläuterung dazu.

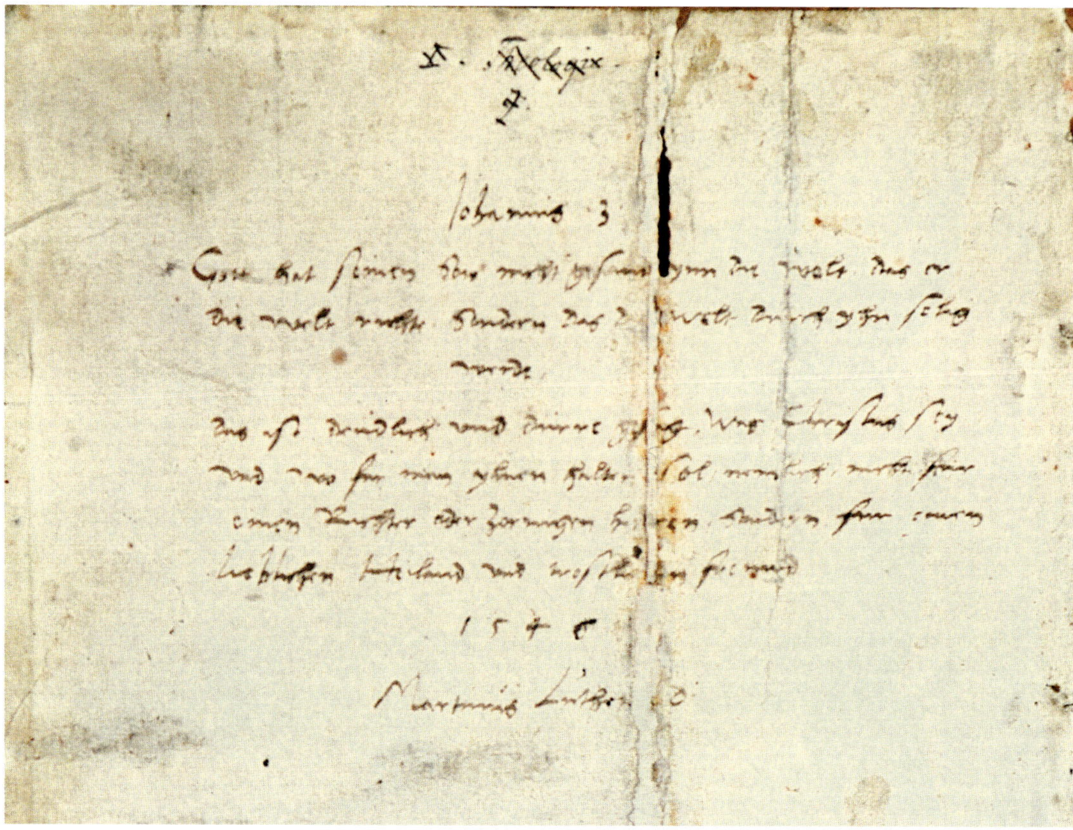

Die Grundurkunde des Glaubens

„Für keine andere Aufgabe hätte ich diesen persönlichen Aufwand betrieben. Ich bin tief dankbar dafür, dass ich diese Arbeit voranbringen durfte."
KURT ALAND
anlässlich seines 70. Geburtstages

Bei der Eröffnung des Bibelmuseums im Jahre 1979: Bundespräsident Walter Scheel, Kuratoriumsvorsitzender der Hermann-Kunst-Stiftung; Bischof Hermann Kunst und Prof. D. Kurt Aland (1915-1994), der 1959 das Institut für neutestamentliche Textforschung gründete.

Das Bibelmuseum und das Institut für neutestamentliche Textforschung bilden eine unauflösliche Symbiose: Die eine Institution arbeitet seit vielen Jahren mit wissenschaftlicher Hartnäckigkeit an der Rekonstruktion des Urtextes der Bibel, die andere zeigt eben diese Bibel in ihren vielfältigen Facetten von frühen bruchstückhaften Handschriften bis zu den ersten Bänden der monumentalen Editio critica maior. 1979 wurde dieses Bibelmuseum durch Walter Scheel, Bundespräsident und Kuratoriumsvorsitzender der Hermann-Kunst-Stiftung, eröffnet. Den Grundstein für das Museum hat die gepflegte Privatsammlung von Bischof Hermann Kunst gelegt. Prof. D. Kurt Aland (Institutsgründer) war der unermüdliche Motor dieser Gründung. Prunk und Pracht einiger Bibeln sind Labsal fürs Auge, unscheinbare Eintragungen von Martin Luther lösen Ehrfurcht aus.

Es bedurfte der überzeugten Hartnäckigkeit eines wissenschaftlichen Genies, die schier unlösbare Aufgabe der sprichwörtlichen Suche nach der Nadel im Heuhaufen zu einem erfolgreichen Abschluss zu bringen – von der Handschrift, und derer sind Legion, zum wissenschaftlich gesicherten Urtext der Bibel brauchte es Jahrzehnte. Kurt Aland brachte 1959 diese Jahrhundertaufgabe erfolgreich auf den Weg, Barbara Aland brachte die ersten Lieferungen der Editio critica maior heraus, der großen wissenschaftlichen Ausgabe des griechischen Neuen Testaments. Ein Ende – vorläufig ist es nicht abzusehen. Dazu musste auch der verschlungene Weg des Textes durch die Jahrhunderte erforscht werden. Natürlich half der Computer bei der Sisyphus-Arbeit, die wichtige letzte Interpretation lag und liegt aber immer bei den Theologen.

Der Evangelist Johannes in einer kostbaren Evangelienhandschrift: Der Bibeltext wird ihm vom Himmel diktiert. Eine griechische Handschrift des Neuen Testaments aus dem 13. Jahrhundert (Bibelmuseum).

Bohren nach der Wahrheit

Professor Dr. Barbara Aland und Dr. Beate Köster (re.) studieren im Institut für neutestamentliche Textforschung eine alte Ausgabe.

„Kurt Aland hatte die Gabe, Visionen in die Tat umzusetzen."

Martin Hengel, Neutestamentler in Tübingen

Reizvolle Arbeit – ein Stierkopf als Spendergefäß (etwa 300 v. Chr. Zentralanatolien)

Luxus pur – dieses Gorgonenhaupt mit Schlangenhaaren diente als Ornament für Dächer (4. Jh. Tarent).

Der Ruf des kleinen Museums wird zur (willkommenen) Last: Mit ständig neuen Schenkungen kann das Archäologische Museum der Universität, das 1883 begründet wurde, seinen reichhaltigen Bestand weiter ausbauen. Die Raumnot ist ständiger Begleiter, die spektakulärsten Schaustücke wie die großen Modelle von Olympia oder Delphi und die Götter-Abgüsse vom Zeustempel in Olympia können nicht gezeigt werden. Prominent gelegen am Domplatz: Im Erdgeschoss des Fürstenberghauses findet der Besucher keine Gipse, sondern qualitätvolle Originale vor allem der klassisch griechischen und römischen Kunst. Natürlich dient das Museum in erster Linie akademischen Studien.

Ein Spendergefäß mit Hand und stilisierten Stierhörnern (5. Jh. v. Chr. Unteritalien)

Ein wundervolles Stück, diese Darstellung des Unterweltgottes Hades, der einen hochrangigen Verstorbenen in seinem Palast begrüßt. Ausschnitt auf einem Volutenkrater (Mischgefäß) etwa 320 v. Chr. aus Apulien.

Der monumentale Kopf des Gottkönigs Antiochos auf dem Nemrud Dag

Wo der Apostel Paulus predigte

Asia Minor, die 1969 von Professor Friedrich Karl Dörner gegründete Forschungsstelle, widmet sich gemäß ihrem Namensauftrag der archäologischen Erforschung Kleinasiens – der Brücke der Kulturen. Spektakulär war vor Jahren die Untersuchung des Götterberges Nemrud Dag im Königreich Kommagene im Taurusgebirge, der längst zum Touristenziel geworden ist. Neuer Schwerpunkt ist die antike Großstadt Alexandreia Troas an der Meerenge zwischen Europa und Asien, gleichsam Nachfolgerin des klassischen Troja. Brücke der Kulturen – von hier aus reiste der Apostel Paulus nach Makedonien und brachte so das Christentum nach Europa. Die Blütezeit der Stadt endete in der ersten Hälfte des nachchristlichen Jahrtausends, sie geriet in Vergessenheit. Bis gestern.

Bergung einer Säule aus einem antiken Abwasserschacht

Gewaltige behauene Steinblöcke müssen die Arbeiter vorsichtig bewegen, um die Strukturen des Osttores der frühhellenistischen Stadtmauer freizulegen.

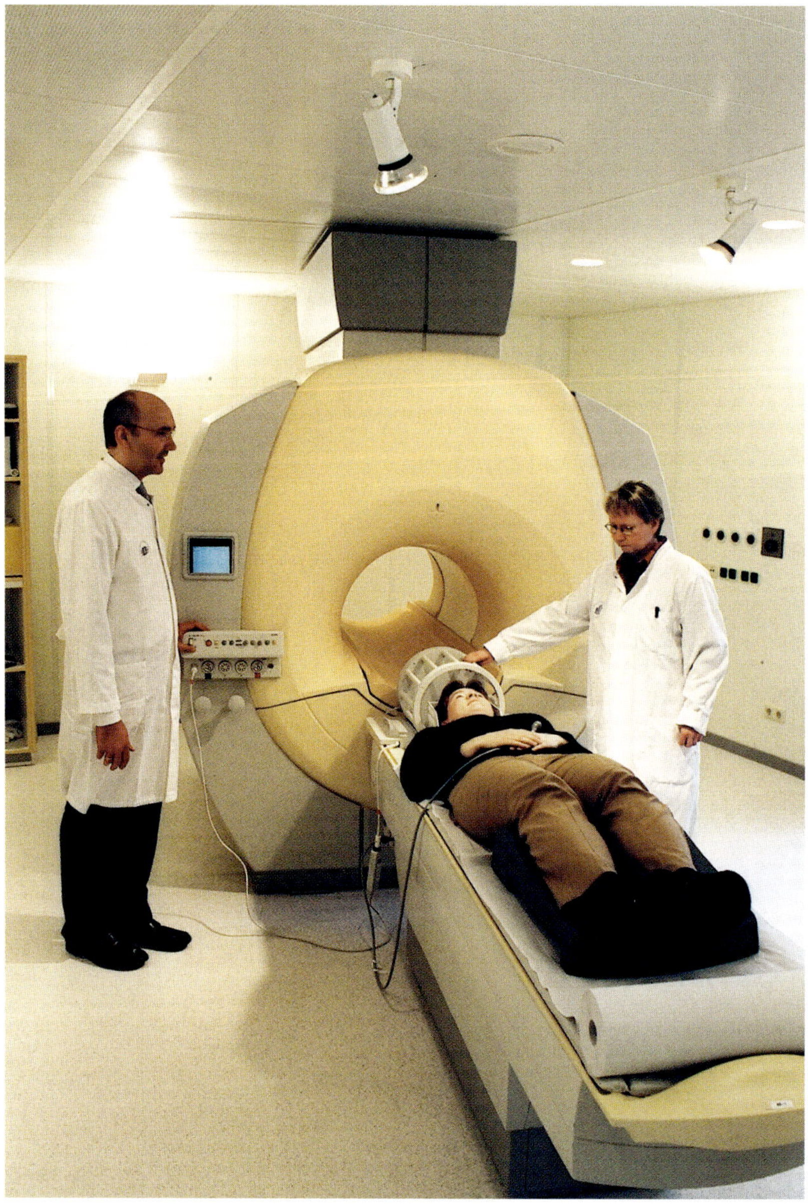

Professor Dr. Walter Heindel demonstriert die neue „Supermaschine", einen Magnet-Resonanz-Tomographen im Institut für Klinische Radiologie, der der Diagnostik zahlreicher Erkrankungen neue Perspektiven eröffnet. Denn seine Auflösung dringt aufgrund des extrem starken Magnetfeldes bis in den Molekularbereich vor. Deswegen dient er nicht nur der Frühdiagnostik beispielsweise bei drohendem Schlaganfall, sondern besonders auch der Forschung. Denn: „Die Ärzte müssen die Bilder lesen lernen", sagt Professor Heindel.

Punkt der Hoffnung für viele

Die Medizinische Fakultät gehört zu den größten und namhaftesten in Deutschland, sie zählt mehr als 70 Kliniken und Polikliniken mit über 130 Professoren und rund 1000 weiteren Wissenschaftlern, die jährlich mehrere Hunderttausend Menschen behandeln, aus einem Einzugsgebiet von der Nordsee bis zum Saarland. Und die natürlich forschen. An zentralen Schwerpunkten arbeiten Wissenschaftler interdisziplinär zusammen, bei der Erforschung von Entzündungskrankheiten, von Herz-Kreislauf-Leiden, Herzinfarkt und Schlaganfall, wie auf dem Gebiet der Onkologie, der Neuromedizin oder Darmerkrankungen. Manche dieser Institute haben Weltruf erlangt. Zudem fungiert Münster als bedeutendes Transplantationszentrum für Organe vom Herz bis zum Knochenmark. Neben ärztlicher Versorgung und Forschung steht die Lehre. Mit rund 3500 Studenten ist Münster eine der größten Ausbildungsstätten der Bundesrepublik.

Lachen auf Rezept: Die Station der Kinderonkologie gleicht manchmal eher einer fröhlichen Malwerkstatt als einem Krankenhaus. Wären da nicht die kahlen Schädel der Kinder. Sie zeigen, dass die Kinder einen schweren Kampf durchmachen gegen ihren Krebs. Deshalb ist die Therapie für ihre Seele ebenso wichtig wie die Therapie gegen den Krebs, sie hilft ihnen kämpfen. „Lachen ist die beste Medizin“, steht auf einem Flugblatt im Klinikum.

„Kultur imPulse“ heißt das Programm, das seit 1992 vom eigens eingerichteten Kulturreferat fürs Klinikum organisiert wird, ein Kulturangebot für Patienten und Angehörige und Mitarbeiter. Es kann den Aufenthalt in der Klinik nicht versüßen, aber es kann Anregungen geben, die Zeit für sich selbst besser zu nutzen. Die Krankheit als Chance, Neues zu entdecken. Zum Kulturangebot zählen auch die regelmäßigen Visiten der Clinic-Clowns und Clowns-Doktoren: Sie verschenken ein Lachen.

Klinikum – eine Stadt für sich

Kühle Funktionalität gegen neobarocke Würde: Münsters Universitätsklinikum lebt von der architektonischen Gleichzeitigkeit des 1983 in Betrieb genommenen Zentralklinikums und des 1925 eingeweihten Altklinikums am damaligen Westring. Die Medizinische Klinik war Mittelpunkt dieser Gesundheitsstadt, wie ein barockes Schloss hielt sie Hof inmitten einer Schar von Klinikbauten. Ganz anders die Konzeption des Zentralklinikums, das in einem Flachbereich Ambulanzen, Diagnostik und Therapie konzentriert, während sich in zwei Bettentürmen bis über 60 Meter hoch die Krankenrundstationen türmen. In den Koloss wurde in einem Dutzend Jahre mehr als eine Milliarde Mark verbaut. Inzwischen sind die Altkliniken saniert und ergänzen das Medizin-Programm.

Die Bettentürme dominieren mit ihrer Höhe von über 60 Metern das Zentralklinikum.

Irgendwie ansprechend, die verspielte Architektur der Altkliniken an der heutigen Domagkstraße

Wie die Pferdeställe zur Kunst kamen

Glückliche Umstände, hartnäckige Menschen, der Charme einer hundert Jahre alten Kasernenanlage à la Kaiser Wilhelm und ein überzeugendes Konzept führten im Jahre 2000 zur Einweihung der neuen Kunstakademie, die sich 1987 von ihrer ungeliebten Ziehmutter in Düsseldorf abnabeln konnte. Gleichzeitig wurden die alten Kasernenbauten saniert und umgebaut, so dass die Künstler heute in ehemaligen, denkmalwerten Pferdeställen werken und eine Reithalle in raffinierte Hörsäle verwandelt ist. Die hart geschnittene neue Kunstakademie (Architekt Günter Domenig) ist Mittelpunkt des Leonardo-Campus, wie das Gelände an der Steinfurter Straße genannt wird, auf dem sich inzwischen Fächer der Universität und der Fachhochschule mit der Kunstakademie treffen.

Wie eine riesige Glucke sitzt der Neubau der Kunstakademie inmitten der alten Kasernenbauten auf dem Leonardo-Campus.

Tradition hat der Rundgang, bei dem die Studenten der Kunstakademie ihre aktuellen Arbeiten der Begutachtung durch die kritische Öffentlichkeit präsentieren.

Freie Fahrt für Qualität: Aus der mechanischen Zeit der Bahn stammt dieses zwölf Meter hohe Signal am FH-Zentrum an der Corrensstraße – Spielzeug oder Anschauungsmaterial?

Unter blühenden Kirschbäumen streben die Studenten im Frühjahr zum Hauptgebäude ihrer Fachhochschule, der Hüfferstiftung.

Wissenschaft und Wirtschaft Hand in Hand

Die Fachhochschule ist Spitze – nicht nur in den Augen der Manager, die sich hier ihre Führungskräfte von morgen holen, sondern auch in der Einschätzung der Hochschulreformer, die das Profil der FH Münster rundum bestätigten. Solche guten Noten schlagen sich bei den wichtigen Forschungsgeldern, den Drittmitteln, nieder: Mit fünf Millionen Euro im Jahre 2001 liegt die FH einsam an der Spitze. Rund 9000 Studierende zählt die 1971 gegründete Hochschule in ihren beiden Abteilungen in Münster und Steinfurt, davon etwa zwei Drittel in Münster. Erfolg ist planbar: Ihre wissenschaftlichen Angebote gleicht die FH mit den aktuellen Interessen von Industrie und Politik ab – „nichts wird dem Zufall überlassen", sagt Rektor Klaus Niederdrenk. 40 Studiengänge werden stets auf den Bedarf des Arbeitsmarktes ausgerichtet: Wissenschaft und Praxis im Einklang.

Der Schreibtisch Westfalens

So wurde und wird Münster gern genannt. Denn viele Behörden und Ämter verliehen Münster die Funktion einer Hauptstadt für Westfalen, die allerdings in den letzten Jahren geschmälert wurde. Allgemein machen Dienstleistungen aller Art (tertiärer Sektor) immer noch den Schwerpunkt der münsterschen Wirtschaft aus, sie stellen mehr als Zweidrittel aller Arbeitsplätze, davon rund 19 000 im Gesundheitswesen, ebenfalls 19 000 im Handel und 10 000 bei Banken und Versicherungen.

Dr. Jörg Twenhöven, Regierungspräsident im Bezirk Münster

„Es gibt in Münster alle Behörden, die man sich vorstellen kann, und auch einige, die man sich nicht vorstellen kann.“

Volkmar Hopf, früherer Präsident des Bundesrechnunghofes

Das stattliche Gebäude am Domplatz 36 (für die damalige Reichsbank Ende des 19. Jahrhunderts im Stile italienischer Neorenaissance erbaut) nimmt bewusst eine Tradition auf: Es ist nach dem Freiherrn von Vincke benannt, dem seit 1815 berühmten ersten Oberpräsidenten der Provinz Westfalen. Er war der Repräsentant der fernen preußischen Staatsregierung in Münster.

In dieser Tradition steht auch die heutige Bezirksregierung. Der Regierungspräsident ist der allgemeine Vertreter der Landesregierung im Bezirk Münster. Unter Dr. Jörg Twenhöven (von 1984 bis 1994 ehrenamtlicher Oberbürgermeister der Stadt Münster) werden die unterschiedlichen Kompetenzen der Landesregierung in der Bezirksregierung gebündelt. Sie hat eine Mittlerfunktion zwischen Landesregierung und Region. Dies gewährleistet eine übergreifende Gesamtschau der Probleme und vereinfacht das Verfahren.

Der Regierungsbezirk Münster umfasst zusammen mit den Regierungsbezirken Arnsberg und Detmold die ehemalige Provinz Westfalen, die 1946 von der britischen Besatzungsmacht zu Gunsten eines Landes Nordrhein-Westfalen aufgelöst wurde.

Das Landeshaus am Mauritztor oder Freiherr-vom-Stein-Platz ist Sitz des Landschaftsverbandes des Westfalen-Lippe.

Das regionale Wir-Gefühl

Lasst Westfalen leben! Lautete der geschickte Slogan, mit dem der Landschaftsverband erfolgreich den Konzentrationsbestrebungen des Landes entgegentrat. Der Landschaftsverband Westfalen-Lippe hatte damit seine eigenen Kürzel zur Kampfparole umfunktioniert. Der Landschaftsverband trat 1953 an die Stelle des alten preußischen Provinzialverbandes, er ist ein Kommunalverband, der von 27 Kreisen und kreisfreien Städten getragen wird. Er übernimmt dabei Aufgaben, die sinnvollerweise westfalenweit erfüllt werden, also auf den Gebieten Soziales, Gesundheit, Psychiatrie, Jugend, Schule und vor allem Kultur. Der LWL unterhält allein 17 Museen.

An der Spitze steht heute ein Landesdirektor – es soll einige geben, die dem früheren „Landeshauptmann" noch nachtrauern. Die Beschlüsse werden vom so genannten „Westfalenparlament" gefasst, dessen Abgeordnete nicht direkt gewählt, sondern von Kommunen und Kreisen entsandt werden. Übrigens – als der Verband die alte „Provinz" abgestreift hatte, hielt Münster am Titel „Provinzialhauptstadt" noch lange fest.

„Ich bin doch sehr glücklich, dass das alte Münster einen noch höheren Stand erreicht hat, als es ihn früher schon besaß."

KONRAD ADENAUER, erster Kanzler der Bundesrepublik Deutschland

Das Gebäude des Oberverwaltungsgerichtes (OVG) am Aegidiikirchplatz ist zugleich Sitz des Verfassungsgerichtshofes des Landes. 1952 wurde er eingerichtet. Gleichsam als Kontroll- und Schlichtungsinstanz bei verfassungsrechtlichen Streitfragen. Der Präsident, höchster Beamter des Landes, sieht gerade in Münster als der Stadt des Westfälischen Friedens einen idealen Standort für den Verfassungsgerichtshof.

Dominierend das Glasfoyer der Zentrale der Sparkasse Münsterland-Ost an der Weseler Straße, entworfen vom Architekten Dieter Baumewerd.

Die Größe des Geldinstituts schlägt sich auch in der dominierenden Größe des neuen Hauptsitzes an der Weseler Straße nieder: Die Sparkasse, 1829 in Münster gegründet, drängt seit ein paar Jahren über die flächendeckende Versorgung der Städter durch Fusionen ins Land hinaus. Mit ihrer Bilanzsumme steht die Nr. 1 Münsters an der Spitze der rund 90 Sparkassen in Westfalen, mit 2000 Beschäftigten zählt sie zu den größten Arbeitgebern der Region.

Ein gewaltiger Bau, der jedoch aufgrund des vielen Glases nicht massig wirkt, entwickelt von den Architekten Duk-Kyu Ryang und Hermann Henkel vom Büro Hentrich, Petschnigg und Partner.

Schreibtisch über der Stadt

Schreibtisch im gläsernen Büro mit Panoramablick auf Münster: Der 1999 eingeweihte Glasturm (17 Büroetagen) des LVM ist mit seinen 70 Metern ein weithin sichtbares Wahrzeichen der Stadt – „Stadtkrone" sagt der Vorstandsvorsitzende des Landwirtschaftlichen Versicherungsvereins selbstbewusst. Der LVM startete sein Versicherungsgeschäft 1896 als Spezialversicherer westfälischer Landwirte – es war die revolutionäre Idee einer Versicherung auf Gegenseitigkeit. Daraus hat sich längst ein bundesweit tätiger Rundumversicherer entwickelt. Die Größe des mehrfach erweiterten Mutterhauses, seit 1967 am Koldering ansässig, mit insgesamt 2300 Mitarbeitern spricht eine deutliche Sprache.

„Auf meine morgendliche Zeitung möchte ich nicht verzichten – ich könnte es auch gar nicht. Stichwort: Zeitung macht süchtig.“
BERTHOLD TILLMANN, Oberbürgermeister

Fortschritt auf Tradition gebaut

Qualität setzt sich durch, auch gegen Fernsehen und Internet, bescheinigte Oberbürgermeister Dr. Berthold Tillmann 2002 dem „Münsterischen Anzeiger“ zum 150-jährigen Bestehen. Für diese Qualität wird der Münsterische Anzeiger im Medienhaus Aschendorff ständig modernisiert, wie es schon die Gründer Eduard Hüffer und sein Vater Johann Hermann Hüffer getan hatten. 2001 hat der Verlag im Druck- und Dienstleistungszentrum an der Hansalinie mit der neuen Rotation eine der modernsten Druckmaschinen der Welt in Betrieb genommen, wobei die Technik im Dienst der Kunden steht. Und der Leser, denn die Stärke der Westfälischen Nachrichten, die seit 1946 die Tradition des Münsterischen Anzeigers fortführen, ist die lokale und regionale Berichterstattung. Seit 1949 trägt der Lokalteil Münster wieder den Kopf „Münsterischer Anzeiger“.

Das Tempo des vollautomatischen Sortierens der Zeitungen in der neuen Versandstraße an der Hansalinie ist atemberaubend.

Seit 1925 ist der Verlag am Prinzipalmarkt 13/14 mit der Hauptgeschäftsstelle der Westfälischen Nachrichten ansässig. Der Aushänger „Münsterischer Anzeiger“ ist zugleich ein qualitätsvolles Stück münsterischer Handwerkskunst.

Ein detailgetreues Modell der Kunstharzfabrik war im Stadtmuseum anlässlich der Ausstellung „Industrie in Münster" zu sehen.

Glasurit – und die Welt wird bunt

Autos in aller Welt fahren sie zu Markte, die Lacke der Marke „Glasurit" aus Hiltrup, seit 1965 Tochter des weltweit agierenden Mutterkonzerns BASF. Seit 1997 tritt die Hiltruper Firma als „BASF Coatings" auf. Firmenchef Max Winkelmann war ein Genie, der seine 1888 in Hamburg gegründete Lackfabrik zu einem Unternehmen von Weltformat ausbaute. Kein Wunder, denn er konnte im monarchisch gesinnten Deutschland mit dem „Hohenzollernweiß" werben, mit dem die Yacht Kaiser Wilhelms gestrichen worden war. Oder mit dem Passagierdampfer „New York", der stolz das „Kristallweiß" von Glasurit durch den Nordatlantik trug. Eisenbahnanschluss und Kanal waren 1903 entscheidend für die Wahl von Hiltrup für den Neubau der Produktionsanlagen, die mehrfach erweitert wurden. Mit rund 2000 Arbeitnehmern ist BASF Coatings größter industrieller Arbeitgeber in Münster.

Seit 1924 wirbt der bunte Papagei für die bunten Lacke aus Hiltrup, neuerdings vor allem für die Autolacke.

Flotte Werbesprüche zierten die Produkte.

Der Bundeskanzler fährt – Tepper, wenn er nach oben will: Tepper-Aufzüge haben nach dem Fall der Mauer die repräsentativen Gebäude in den neuen Bundesländern und in Berlin erobert. Das Unternehmen, 1883 von Schmiedemeister Joseph Tepper gegründet und mit Sitz im münsterschen Hafengebiet, hat sich seit den 1920er Jahren auf den Bau von Aufzügen spezialisiert. Heute ist Tepper gößter Aufzughersteller in Nordrhein-Westfalen. Auch in Münster erschließt Tepper in nahezu allen großen Neubauten (wie hier bei den Stadtwerken) die Vertikale.

Oevermann ist einer der Großen der Baubranche. Das 1907 gegründete Unternehmen hat sich vor allem in der Nachkriegszeit einen bleibenden Ruf erworben. Es kann von sich (zusammen mit den anderen Unternehmen der Branche) mit Recht behaupten, Münster wieder aufgebaut zu haben. Heute beschäftigt das Unternehmen (Sitz an der Robert-Bosch-Straße) rund 2400 Mitarbeiter – die „Oevermänner".

Die Dreiradwalze mit Baujahr 1950 dient heute eher Anschauungszwecken.

Per Schiff werden die Rohbestandteile des Kraftfutters – Getreide, Raps und Rapsschrot, Sojaschrot und Rückstände aus der Mais-Alkohol-Gewinnung – bei der RCG angeliefert und im Werk zusammengemischt.

Zentrale der Landwirtschaft

Heimliche Hauptstadt der deutschen Landwirtschaft? Dafür gibt es gute Gründe, denn die RCG mit Sitz in Münster, die Raiffeisen Central-Genossenschaft Nordwest, ist eine der größten landwirtschaftlichen Genossenschaften überhaupt. 1999 feierte sie den 100. Geburtstag, denn ihre Vorläuferin, die WCG, war 1899 gegründet worden. Die anderen Partner aus Oldenburg und Osnabrück sind sogar noch älter. Der RCG mit ihrer zentralen Dienstleistungsfunktion sind rund 20 000 bäuerliche Arbeitsplätze im Einzugsbereich von Siegen bis Wilhelmshaven zuzurechnen, unmittelbar zur RCG zählen 1800 Arbeitsplätze, davon 500 in der Zentrale und im Kraftfutterwerk am Hafen. Gerade die Futtermittel machen fast ein Drittel des Umsatzes des vielgliedrigen Konzerns aus: 1,5 Millionen Tonnen Kraftfutter pro Jahr, dessen Bestandteile regelmäßig kontrolliert werden, verlassen allein das Futterwerk am Hafen.

Die Außenmauern dieses klassizistischen Gebäudes hatten das Bombardement überstanden. Der Landschaftsverband errichtete an dieser Stelle an der Rothenburg den Neubau für das Archäologische Museum.

Die Firma Stroetmann ist eines der ganz alten Familienunternehmen in Münster, bereits 1791 gegründet, führt sie seit 1831 den Namen „L. Stroetmann". In den über 200 Jahren gehören Lebensmittel und Saatgut zu den Stärken der Unternehmensgruppe sowohl im Großhandelsgeschäft als auch in C+C-Märkten. Kernregion ist Westfalen, während der Saatguthandel bundesweit betrieben wird. 1854 wurde der Firmensitz in das charaktervolle, klassizistische Gebäude an der Rothenburg verlegt, das 1934 an den damaligen Provinzialverband verkauft wurde. Es überstand die Wiederaufbauphase nach dem letzten Kriege nicht.

„Ich verkaufe keine Sucht, ich verkaufe Genuss", lautete die Devise von Hans Fincke, Inhaber eines der bekantesten deutschen Tabakwarengeschäfte (1895 an der Hammer Straße gegründet). Gepflegte Zigarren verschickt das Geschäft in alle Welt. Dieses Foto von 1905 zeigt das Geschäft im Eckhaus am Drubbel.

Gekonnt halsbrecherisch auf den Spuren der angehimmelten Idole: Im Hinterhof des Hafens wird niemand durch das harte Klacken des Skateboards gestört.

Titus Dittmann in der Kulisse des alten Apollo-Filmtheaters, in dem Trendsportartikel für die Jugend verkauft werden.

Rollschuhe sagte man früher – sie legten 1978 die flotte Basis für das Dittmann-Imperium oder die Titus-AG, die Lifestyle für die Jugend verkauft. Vom Lehrer zum erfolgreichen Manager, was 2001 von etablierten Frankfurter Unternehmen mit dem Titel „Unternehmer des Jahres" honoriert wurde. Zuvor schon war der Trendsport-Pionier mit dem Wirtschaftspreis der Stadt Münster ausgezeichnet worden. Skaten ist längst gesellschaftsfähig geworden. Wie auch an der schicken Adresse am Marienplatz abzulesen ist: Das Apollo-Theater ist Sitz der „World of Titus", das Kino bietet eine eigenartig faszinierende Kulisse für den enormen Jugendmarkt. Spektakulär waren die Skateboardweltmeisterschaften, die 1998 nach Dortmund übersiedelten.

Nachher – vorher: Die ehemaligen Getreidegeschosse des Speichers sind in den neuen, transparenten Büros nicht wieder zu erkennen. Konstruktion und Zuschnitt wurden komplett bewahrt. Die gläsernen Türen sammelt Wolfgang Hölker vielerorts zusammen.

Ein Spielparadies schlechthin für Kinder – und Erwachsene: Das 1900 als Speicher errichtete ehemalige RCG-Lagerhaus am Kreativkai im Hafen baute Wolfgang Hölker zu einem schmucken Domizil für seinen Coppenrath-Verlag aus, wobei der Denkmalschutz geradezu penibel beachtet wurde.

Blick über den Hafen zum Kreativkai mit dem Verlagsgebäude Coppenrath (rechts)

Butter wird in der Butterhandlung Holstein im Kiepenkerlviertel immer noch verkauft, allerdings hat sich das in den 1930er Jahren gegründete Familienunternehmen längst zur Feinkostadresse Nr. 1 in Deutschland entwickelt: 2002 setzten die Gourmet-Tester der Fachzeitschrift „Lebensmittelpraxis“ den münsterschen Schlemmertempel an die erste Stelle – Feinkostgeschäft des Jahres.

Münster war 1897 eine der Wurzeln, aus denen sich der Karstadt-Konzern entwickelte. Theodor Althoff gründete auf der Salzstraße ein Geschäft mit niedrigen und festen Preisen und Barzahlung statt des üblichen Verhandelns und Anschreibens. Der Adresse Salzstraße blieb Karstadt treu – 1986 eröffnete das Unternehmen hier seinen großen Neubau.

Die Salzstraße, eine der ältesten Fußgängerzonen Deutschlands, ist eine beliebte Einkaufsstraße. Ihr Aussehen hat sich durch Krieg, Neu- und Umbauten in den letzten Jahrzehnten stark verändert.

Ein „Brezelkäfer" (wegen des geteilten Heckfensters) der ersten Serie von 1947 in der wieder aufgebauten Werkstatt von Knubel an der Hammer Straße

Der Radsportler Bernard Knubel 1894 im Schmuck der gewonnenen Medaillen. 1896 nahm er an den ersten Olympischen Spielen in Athen teil.

Die Teilnehmermedaille mit der (neugriechischen) Aufschrift „Internationale Olympische Spiele in Athen 1896"

Irgendwie bezeichnend und sympathisch, dass eine der Wurzeln des großen Autohauses Knubel beim Fahrrad liegen, genauer gesagt: sogar im Radsport. Die Firmengründer Anton und Bernard Knubel verkauften nicht nur Fahrräder (Velocipede, wie man damals sagte), sie fuhren auch Rad. Und Bernard Knubel nahm 1896 an den ersten Olympischen Spielen der Neuzeit in Athen teil. Die Teilnehmermedaille wird heute noch in der Familie in Ehren gehalten. Die Geschäftsleute Knubel erwiesen sich immer wieder als Pioniere des Verkehrswesens, nicht zuletzt, als 1947 die Zusammenarbeit zwischen dem Volkswagenwerk und der Firma Knubel begann. Dazu gehörte Wagemut, denn der Käfer wurde anfangs mit Misstrauen beäugt. Das Wirtschaftswunder der 1950er Jahre setzte den VW durch, und Knubel wurde mit dem Käfer groß.

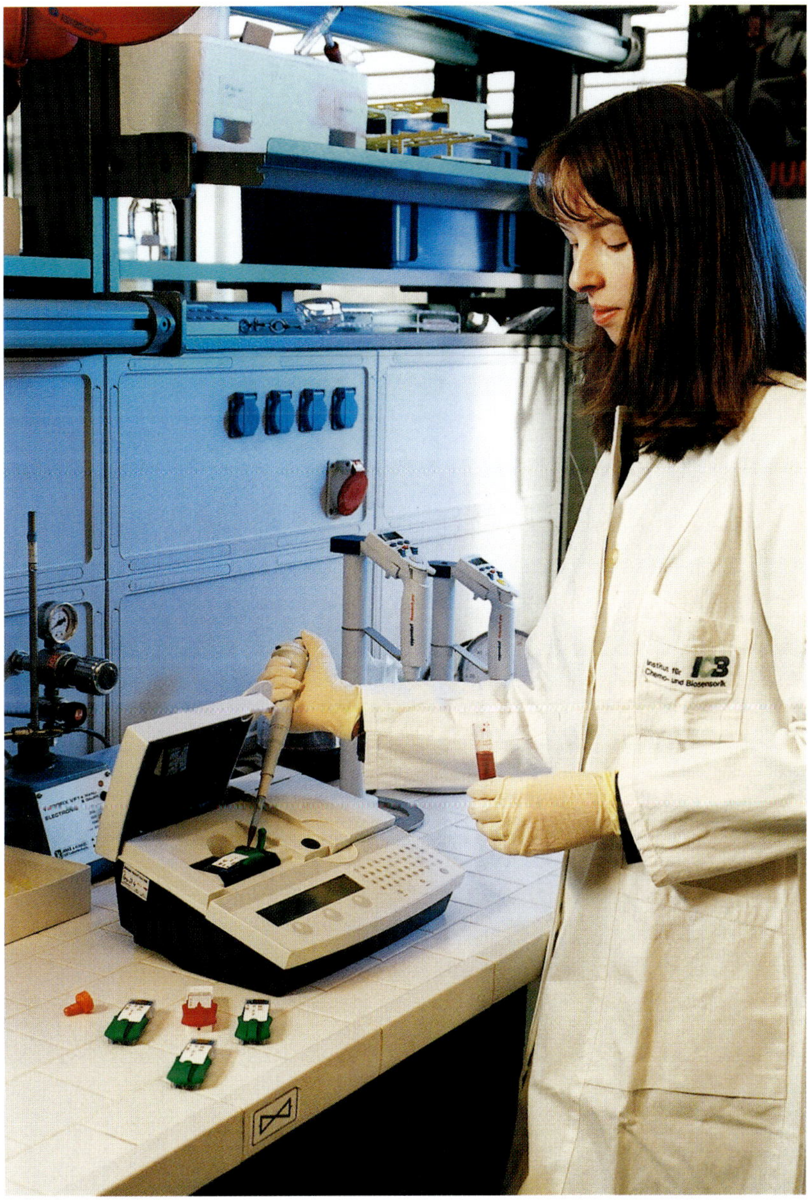

Ein Biosensor, der die Blutanalyse in der medizinischen Praxis vereinfacht: Der Sensor wurde 1996 vom ICB entwickelt, 2001 wurde das markttaugliche Produkt (hier im Bild) in Leipzig gefertigt.

Das ICB, Institut für Chemo- und Biosensorik – im Hintergrund die Gebäude des Technologiehofes

Ein An-Institut als Patentschmiede

Es war eine kühne Vision des Chemikers Professor Karl Cammann, getragen von Unternehmergeist und gefördert von der Landesregierung, die 1991 zur Gründung des ICB führte, des Instituts für Chemo- und Biosensorik. Das An-Institut der Universität konnte 1995 in unmittelbarer Nachbarschaft des Technologiehofes (Mendelstraße) einen Neubau beziehen. Ein interdisziplinäres Team von Wissenschaftlern entwickelt hier Chemo- und Biosensoren für Medizin, Umwelt, Biotechnologie, Lebensmitteltechnologie und Automatisierungstechnik. Diese Sensoren sollen die bislang oft aufwendige Analytik ablösen. Die handgearbeiteten Prototypen werden an industrielle Partner zur Vermarktung des fertigen Produktes verkauft. Das ICB hat sich so zur regelrechten Patentschmiede entwickelt, jährlich werden ein Dutzend Erfindungen angemeldet. Und die Einnahmen aus vermarkteten Patenten wachsen ständig weiter.

„Johann Conrad Schlaun errichtete Wohnhäuser, Schlösser und Kirchen, die dem Stil des triumphierenden Fürstentums entsprachen, aber von allem Aufgeblasenen, Prahlerischen, Ausposaunenden frei sind.“

RICARDA HUCH

Johann Conrad Schlaun und Annette von Droste-Hülshoff – oder umgekehrt: Das Rüschhaus bei Nienberge diente beiden prägenden Gestalten als Domizil. Ab 1745 baute sich der große Baumeister Schlaun hier zwischen Feldern und Wäldern und Wiesen seine Sommerresidenz, die zugleich ländlicher Arbeit mit ihrer großen Tenne und den Stallungen diente und mit dem prächtigen Gartensaal herrschaftliche Ansprüche stellte. Dieses barocke Landhaus erwarb 1825 Clemens August von Droste-Hülshoff, der Vater der großen Dichterin. Die Droste lebte hier ab 1826 mit Unterbrechungen 20 Jahre lang. Es war ihre „Einsiedelei voll Sonnenschein und Frieden“.

Die Mutter am Grabe

Du warst so hold und gut, so sanft und stille,
Mein frommes Kind, und sterben mußtest du!
Dein Geist, zu rein für diese Erdenhülle,
Flog wie ein Lichtstrahl seiner Heimath zu.
Wenn weinend wir an deinem Grabe stehen,
Ich und dein Vater, deine Liebsten hier,
Dann sehn wir nur des Grabes dunkle Thür,
Und können deine Seligkeit nicht sehen.

In Schönschrift geschrieben, wenn auch sehr klein. Ihre Briefe kritzelte die Droste aufgrund eines Augenfehlers in so winziger Schrift, dass sie nur mit dem Vergrößerungsglas entziffert werden konnten.

O schaurig ist's über's Moor zu gehn

Der Droste würde ich gern Wasser reichen – beginnt ehrfurchtsvoll ein Gedicht von Sarah Kirsch: Annette von Droste-Hülshoff (1797–1848) wird gerade in der Moderne unter den verschiedensten Vorzeichen gelesen – als Repräsentantin des Westfälischen, ja Münsterländischen, des Biedermeiers, der späten Romantik oder des frühen Realismus, des Katholizismus und auch der Frauenemanzipation. Als wenn sich ihre Prophezeiung erfüllt hätte: „Ich mag und will jetzt nicht berühmt werden, aber nach hundert Jahren möchte ich gelesen werden." Und in der Tat, von ihrem ersten Gedichtbändchen, 1838 im Verlag Aschendorff erschienen, wurden zu Lebzeiten der Dichterin 74 Exemplare verkauft. Der Droste gerecht zu werden, ist schwer, denn sie ordnet sich nicht ein in literarische Vorbilder.

Ihr „Schneckenhäuschen", wie sie ihr Arbeitszimmer im Rüschhaus nannte. Das Inventar entspricht alten Zeichnungen von ihr. Hier entstand auch „Die Judenbuche".

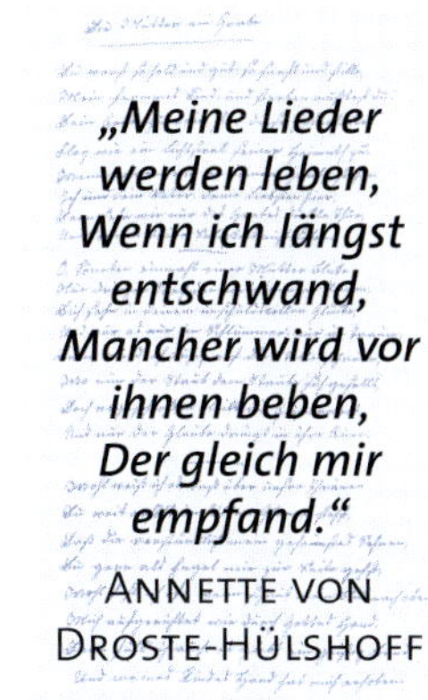

„Meine Lieder werden leben,
Wenn ich längst entschwand,
Mancher wird vor ihnen beben,
Der gleich mir empfand."
ANNETTE VON DROSTE-HÜLSHOFF

Die große Deele öffnet den Blick auf die dahinter liegende große Küche. Das Essen wurde über die Treppe im Hintergrund ins Obergeschoss gebracht.

Die Sonnenuhr am Hauptgiebel des Rüschhauses

Auf den Spuren der Poetin

Auf Rüschhaus, das die Droste nach dem Tode ihres Vaters Clemens August von Droste-Hülshoff (1826) mit ihrer Mutter Therese Louise und ihrer Schwester Jenny bezog, nutzte sie vier kleine Räume privat – ihr Wohn- und Arbeitszimmer, das sie selbst „Schneckenhäuschen" nannte, eine Schlafkammer und eine Kleiderkammer und ein letztes kleines Zimmer für ihre Amme. 1979 wurde das Rüschhaus von der Familie Droste-Hülshoff an die Stadt Münster und den Landschaftsverband verkauft, womit nicht nur der Erhalt dieses Landhauses, sondern auch die Zukunft des 1936 eingerichteten Droste-Museums gesichert war. Das Rüschhaus wurde in den nächsten Jahren durchgreifend restauriert, die Gartenanlage wieder in den barocken Zustand à la Schlaun zurückgeführt, was allerdings Annettes Stimmung in ihrem Garten gründlich beseitigte.

Die bekannte Büste des Bildhauers Anton Rüller an der Kreuzschanze

Figuren aus Gedichten der Droste zu Bronze geworden: „Fiedler Knauf" (links), „Der Haidemann" (Mitte) mit dem Hahn als Symbol fürs Feuer und die „Spinnlenor'" mit der Haspel. Die Figurengruppe auf dem Pantaleonplatz in Roxel hat Bilderhauer Rudolf Breilmann noch für die selbstständige Gemeinde Roxel geschaffen.

„Du Vaterhaus mit deinen Thürmen,
Vom stillen Weiher eingewiegt,
Wo ich in meines Lebens Stürmen
So oft erlegen und gesiegt. –
Ihr breiten laubgewölbten Hallen,
Die jung und fröhlich mich gesehn,
Wo ewig meine Seufzer wallen
Und meines Fußes Spuren stehn!"

Annette von Droste-Hülshoff

Burg Hülshoff, 1797 Geburtshaus der Dichterin Annette von Droste-Hülshoff, mit seiner fast 600-jährigen Familientradition liegt unweit vom Rüschhaus in der politischen Gemeinde Havixbeck. Die heutige Anlage stammt von der Mitte des 16. Jahrhunderts. Auch hier gibt es ein zeitgenössisches Droste-Museum.

Kein Scherenschnitt, sondern Hinterglasmalerei: Unterricht – Fürstin Gallitzin liest ihren Kindern vor, und Franz von Fürstenberg legt dem Jungen die Hand auf die Schulter. (Stadtmuseum)

„In Münster fuhr ich an einen Gasthof, wo mir aber Zimmer und Bett durchaus versagt wurden. Unter diesen Umständen bedachte ich mich nicht lange und brachte die Stunden auf einem Stuhl in der Wirtsstube hin.“

J. W. von Goethe, 1792

Zwischen Skandal und Legende

Diese Frau – die zweite große Frau in Münster – war aufregend, skandalös, emanzipiert, wissenswütig und so gescheit, dass die großen Männer das Gespräch mit ihr suchten: Amalie Fürstin von Gallitzin (1748–1808) ist eine Legende, ihre „Familia Sacra“ war ein erlesener Kreis gelehrter Freunde, den sogar der Dichterfürst J. W. von Goethe aufsuchte. Wie kaum eine zweite Frau im ausgehenden 18. Jahrhundert verwirklichte sie für sich die Ideale der Aufklärung von Selbstbestimmung und Gewissensfreiheit. Ihr Christentum lebte sie aber schließlich in Wort und Tat mit einer Ausschließlichkeit, die der Umwelt sakral erschien.

An der romanischen Kirche St. Agatha in Angelmodde liegt das Grabmal der Fürstin von Gallitzin. In den Sommermonaten von 1799 bis 1808 lebte sie in Haus Angelmodde an der Werse. Im Hintergrund das Gallitzin-Haus, ein Heimatmuseum, das das Gedenken an die Fürstin pflegt.

Halbräder mit Kugeln schmücken die Staffelgiebel, fotografiert vom Treppenturm aus.

Der stattliche Hof inmitten des alten Ortskerns spiegelt in seiner Architektur den Übergang von der Spätgotik zur Frührenaissance wider. Während das Torhaus von 1547 noch der Gotik zuzurechnen ist, bedient sich das Haupthaus von 1557 bereits der Stilelemente der Renaissance.

Der Drostenhof erinnert an die Zeit, als Wolbeck fürstbischöfliche Residenz war – der Amtsdroste hatte hier seinen Sitz. Das fürstbischöfliche Amt Wolbeck war die bedeutendste Amtsverwaltung im Hochstift, sie blieb bestehen bis 1816, als die Preußen die Provinz Westfalen einrichteten. Das sich anschließende Amt Wolbeck überdauerte bis zur Eingemeindung des Jahres 1975.

Unweit des Drostenhofes (hier die Gartenseite) liegt der Tiergarten, der den Fürstbischöfen und ihren Gästen als bevorzugtes, abgegrenztes Jagdgebiet diente. Im 19. Jahrhundert wurden in dem Gelände 500 Stück Rotwild und 100 Stück Schwarzwild gehalten.

Älteste Türme der Stadt

Die Mauritzkirche zählt zu den ältesten Gotteshäusern der Stadt, ihre schlanken Osttürme am gotischen Chor gehören gar noch dem 11. Jahrhundert an, zumindest in ihrem unteren Teil – sie sind damit die ältesten erhaltenen baulichen Zeugnisse überhaupt. Die Kirche wurde bis ins 19. Jahrhundert hinein mehrfach umgebaut: 1861 wurde (Architekt Erich von Manger) an der Stelle des einschiffigen Hauptschiffes eine dreischiffige neoromanische Basilika eingeweiht. 1970 – also neun Jahrhunderte nach der Gründung – wurde in der Kirche gegraben, wobei im Mittelschiff das Grab des Bischofs Friedrich I. freigelegt und geöffnet wurde, des Gründers des 1811 aufgehobenen Kanonikerstiftes.

Der Prozessionsweg, der von der Mauritzkirche nach Telgte führt, wurde bereits im 17. Jahrhundert von Fürstbischof Christoph Bernhard von Galen angelegt, der 1651 die erste Wallfahrt nach Telgte anordnete. Die neueren Bildstöcke zur Mauritz-Kirche hin wurden Ende der 1950er Jahre vom Bildhauer Heinrich Gerhard Bücker (Beckum) geschaffen, die XIV. Station zeigt die Grablegung.

Kahnpartie auf der Werse – ein beliebtes Vergnügen gerade für Münsteraner, da ihre Aa ja nicht „schiffbar" ist.

Eine Postkarte um 1900 zeigt, dass auf der Werse eifrig gerudert wurde. Teilweise waren es die Kaffeehäuser selbst, die die Kähne verliehen.

Dorf der großen Kaffeekannen

Handorf – das ist der erste Flughafen Münsters und spätere große Militärstützpunkt; das ist die 1932 errichtete Fachklinik Hornheide mit ihrem übernationalen Ruf; das sind Kahnpartien auf der Werse von 1900 bis heute; und das ist das Dorf der großen Kaffeekannen, die beim Handorfer Herbst Symbol des Dorffestes sind. Kaffeehäuser spielten im bürgerlichen Leben eine große Rolle – ganze Familien zogen bei gutem Wetter vor die Tore der Stadt und labten sich an Kaffee und Kuchen und Schinkenbroten. Viele dieser Kaffeewirtschaften sind aus einfachen Bauernhäusern hervorgegangen, viele haben den Wandel der Zeit nicht überstanden. Handorf genießt heute noch einen Ruf als gastliches Dorf.

Ein idyllischer Ort – die Dyckburgkirche der katholischen Gemeinde St.-Mariä-Himmelfahrt inmitten eines ländlichen Umfeldes. Johann Conrad Schlaun hat hier seine Handschrift hinterlassen, er baute 1740 die barocke Hofanlage und die Loreto-Kapelle als getreue Nachbildung des heiligen Hauses von Loreto (Ancona), das nach frommer Überlieferung das Haus der Heiligen Familie sein soll.

Ein verträumter Blick über die Gräfte hinweg zur Dyckburg-Kirche

Die Loreto-Kapelle – wie das Wirtschaftsgebäude von Johann Conrad Schlaun errichtet

Aussätzige, leprakranke Gestalten am Eingang des Lepramuseums

Die „armen Kinder Gottes“

Der Schock wartet schon am Eingang – zwei vermummte Puppen mit deformierten, rotfleckigen Gesichtern: Der Besucher steht im 1986 eröffneten Lepramuseum der Gesellschaft für Leprakunde. Das Besondere an diesem Museum – es liegt neben der Josef-Kirche in Kinderhaus im historischen Leprosorium, das dem Stadtteil seinen Namen gab. Denn die Aussätzigen (Ausgesetzten) wurden die „armen Kinder Gottes“ genannt. Der größere Teil des 1333 erstmals erwähnten „Kinderhauses“ dient inzwischen als Altenwohnheim für Frauen. Zum Leprosorium gehört ferner ein Lazarushäuschen für Spenden.

Das Pfründnerhaus von der Mitte des 17. Jahrhunderts an der Stelle des historischen Leprosoriums

In der Upkammer ist eine herrlich gemütliche Schlafkammer mit allem Drum und Dran eingerichtet.

Der Hof des Heimathauses von der Gartenseite aus. Über die Ponys freuen sich vor allem die Kinder des Verwalters.

Brot backen auf traditionell zünftige Art wird als Extra für kleine Feiern gern angenommen.

Schmuckstück in Sandrup

Usse Heimathues: Der 1938 gegründete Heimatverein (Sandrup-Sprakel-Coerde) ist mit Recht stolz auf sein aus dem 17. Jahrhundert stammendes Heimathaus mit der Adresse „Sandrup 26" am Max-Clemens-Kanal – mit wenig eigenem Geld, aber viel eigener Arbeit und Spenden wurde das ehemalige, stark verfallene Kötterhaus zu einem Schmuckstück ausgebaut und 1985 eingeweiht. In den nächsten Jahren gesellten sich weitere Häuser hinzu, eine 300 Jahre alte Durchfahrtsscheune aus Ostbevern, die unter anderem eine Holzschuhmacherwerkstatt aus Gimbte aufnahm, ein Spieker aus Sandrup, in dem eine Backstube eingerichtet wurde. Hinzu kamen Hühner, Gänse, Ziegen, Schafe, Ponys, landwirtschaftliches Gerät – viele alte Schätze vereint das Heimathaus zu einem kleinen bäuerlichen Museum. Und – up'n Hoff wird auch gern und zünftig gefeiert.

„Bekanntmachung. An Sonn- und Feiertagen werden in unseren Wirthschaften von jetzt ab weder Spirituosen noch Bier verabreicht. Münster, den 23. Juli 1873" Kaffeewirtschaften Juckweg und Rumphorst

Westfälischer Merkur

Die Anziehungskraft von Haus Sebon und anderen Gaststätten in den ländlichen Außenbezirken ist ungebrochen.

Idylle vor den Toren

Sebon liegt immer noch im Busch (im Wald von Gremmendorf), was historisch sogar für die Werbung genutzt wurde: „Gruss aus Sebon's im Busch" lautete der Titel einer Postkarte von 1904, und auf einer Anzeige des Jahres 1914 hieß die Kaffeewirtschaft „Thürs im Busch", die seit 1761 besteht. Und der „Pängelanton" beförderte kaffeedurstige Ausflügler von Münster nach Gremmendorf und Angelmodde. Das Stöbern in alten Anzeigen dieser Wirtschaften kann recht ergötzlich sein. Da wirbt die Aegidii-Brauerei mit einem „ff. Gesundheitsbier", das Mineralwasserwerk Teutoburg (Hammer Straße) bietet „Thusnelda, bestes alkoholfreies Erfrischungsgetränk" an, und Wwe. Brintrup (Roxel) inseriert „Beste Wirtschaft im Dorf".

„Es gab keine sachliche Notwendigkeit, Hiltrup nach Münster einzugemeinden, die Gemeinde war intakt."
Franz Tölle, damaliger Bürgermeister von Hiltrup

Hiltrup wird 1313 erstmals erwähnt, ein Dorf rings um die frühromanische St.-Clemens-Kirche. Der Turm der kleinen Kirche war als Wehrturm mit Schießscharten gebaut – Zufluchtsstätte für die Bewohner bei den vielen Fehden und Kriegen. Zu Napoleons Zeiten war der Emmerbach „Grenzfluss" zwischen dem maßlos vergrößerten Frankreich und Rest-Deutschland, das frühere Wirtshaus „Dicke Weib" (1563 bereits erwähnt) war Zollstation. 1912–1913 wurde die neue Pfarrkirche St. Clemens gebaut, die Besiedlung verlagerte sich nach Osten. Um die Marktallee bildete sich der neue Mittelpunkt des Ortes.

1975 – als aus Dörflern Städter wurden

Die Stadt ist mehrfach seit der ersten Eingemeindung des Jahres 1875 vergrößert worden, schließlich betrug das historische Gebiet innerhalb der Promenade nur 190 Hektar – gegenüber 30 280 Hektar nach dem 1. Januar 1975: Dieser historische Tag vergrößerte die Stadt um 228 Quadratkilometer, ließ die Einwohnerzahl um rund 62 000 auf 260 000 ansteigen. Münster wurde damit über Nacht nach Köln zur flächengrößten Großstadt des Landes. Dieser kommunalen Neuordnung des Jahres 1975 (Mitte 1974 vom Landtag beschlossen) war jahrelanger heftiger Widerstand der bis dahin selbstständigen Gemeinden vorausgegangen. Vor allem Hiltrup, mit 15 000 Einwohnern größte der Randgemeinden, wehrte sich vehement, wollte mit Nachbarorten einen neuen Kommunalverband bilden. Es half nichts: „Wir lagen nicht weit genug von Münster weg", urteilte Bürgermeister Dr. Franz Tölle. Und allgemein wurde beklagt, dass damit eine mehrhundertjährige Selbstständigkeit einfach von der Landkarte getilgt wurde.

Eines der wenigen Schilder aus dem ehemaligen Kreis Münster, auf denen der alte Ortsname im Vordergrund steht.

An der Raesfeldstraße im Kreuzviertel steht dieses „Inflationshaus“: Mit der Währungsreform von 1923 wurden zwölf Nullen gestrichen – der Dollar kostete 4,2 Rentenmark, die dann bald von der Reichsmark abgelöst wurde.

Das Kreuzviertel wurde seit 1900 planmäßig mit der Kreuzkirche (Architekt Hilger Hertel d.J.) als Mittelpunkt entwickelt. Die zahlreichen, zum Glück erhaltenen Bauten im Jugendstil sind die bürgerlich charmante Antwort auf die bis dahin staatstragende Neoromanik und Neorenaissance. Mit Phantasie und Verspieltheit schmückten Architekten und Bauherren die reich gegliederten Fassaden der Häuser, den Arabesken waren keine Grenzen gesetzt. Auffällig und eindrucksvoll die strenge Sphinx an einem Haus in der Heerdestraße.

Der Rundbau der LVA, zwei leicht gegeneinander verschobene Halbkugeln

Kunst am Bau mit Materialien vom Bau

Architektur reizt mit Kontrasten

Der Neubau der LVA (Landesversicherungsanstalt) im Zentrum Nord vom Ende des vorigen Jahrhunderts (Architekt Michael Knoche) besticht durch seine lichte ästhetische Konstruktion – und steht damit im krassen Gegensatz zum massigen LVA-Betonstern der 1960er Jahre. Besucher werden gelegentlich im und am Bau über „Baurelikte“ stolpern – Künstler haben mit ihren Werken gleichsam den Bauprozess seziert und eingefroren.

Gleichförmig, aber nicht langweilig, die Häuser am Grünen Grund

Eines der wenigen markanten Beispiele für den geometrischen Bauhausstil: Dieses Wohnhaus an der Münzstraße entstand 1930 in der „neuen Sachlichkeit", besticht zugleich durch überdurchschnittliche Gestaltungsqualität. Architekten sind die Münsteraner Franz Mönig und Peter Strupp. Ein weiteres Haus im Bauhausstil steht am Studtplatz.

Eine bevorzugte Wohngegend, die Gartenvorstadt Habichtshöhe, die ab 1924 auf der Geist als sozialer Wohnungsbau errichtet wurde. Architekt dieser denkmalgeschützten Anlage ist Gustav Wolf, der schon in Berlin und Breslau Gartenvorstädte geplant hatte und seit 1922 als Baudirektor die „Westfälische Heimstätte" in Münster leitete. Mittelpunkt ist eine lang gestreckte Grünfläche mit dem Habichtsbrunnen. Die Reihen der Einfamilienhäuser bilden regelrechte Platzwände, Torhäuser markieren den Eingang der Siedlung.

Erinnert an die kühne Formensprache barocker Treppenanlagen: Diesen schwungvollen Aufstieg entwarf Architekt Rainer M. Kresing für den Neubau der Sparda-Bank im Zentrum Nord am Ende des vorigen Jahrhunderts. Wie oft mag der Hausherr wohl den Auftritt genießen, Stufe für Stufe ...

„Geprägte Form, die lebend sich entwickelt.“
WERNER KNOPP,
früherer Rektor der Universität Münster

Durch regelmäßige Proben wird die Qualität des Wassers kontrolliert. Dem „Rohwasser“ werden Eisen und Mangan entzogen, Sauerstoff wird zugeführt.

„Heimat des Regens“
Fabio Chigi, päpstlicher Gesandter beim Westfälischen Friedenskongress

Stete Sorge für sauberes Lebensmittel

Damit Münster immer flüssig ist, lautet ein Motto der Stadtwerke, die das Wasser bereitstellen – 120 Liter pro Tag für jeden Bürger. Da laufen dann im Jahr schon 17 Millionen Kubikmeter zusammen. Das Wasser wird durch 900 Kilometer Rohre gepumpt, von denen die ältesten noch vom Ende des 19. Jahrhunderts stammen, als die öffentliche Wasserversorgung aufgebaut wurde. Die Stadt kann etwa 60 Prozent selber fördern, beispielsweise in der Hohen Ward, beispielsweise in Hornheide, wo sich die Ingenieure die „Ur-Ems-Rinne“ zu Nutze machten. Bevor das Wasser ins Netz geht, wird es aufbereitet. Denn Wasser ist ein Lebensmittel.

Ein Industriedenkmal, dieser zweite münstersche Wasserturm auf der Geist, der kurz nach 1900 errichtet wurde und ein Fassungsvermögen von 2500 Kubikmetern hat. Sein „Vorgänger“, der Buddenturm, konnte 500 Kubikmeter aufnehmen.

Verwunschenes Naturidyll – das soll ein Kanal gewesen sein? Man muss schon suchen, um die Konturen des zugewucherten Max-Clemens-Kanals an der Kanalstraße erkennen zu können.

Die strenge Geometrie lässt ahnen, dass sie von Menschenhand geschaffen wurde.

Der Plan war hochfliegend, die Technik jedoch erdverbunden, so blieb für die Nachwelt ein technisches Denkmal zurück, das zugleich ein Naturidyll ist – der Max-Clemens-Kanal, benannt nach seinen beiden Erbauern Bischof Clemens August von Bayern und Bischof Max Friedrich von Königsegg-Rothenfels. Der Kanal führte von Münster über eine Länge von 36 Kilometern nach Maxhafen (unweit Rheine), er sollte sogar Anschluss an das Ijsselmeer und Amsterdam erhalten. Trotz seiner Unzulänglichkeit (er war nur anderthalb Meter tief, die Wasserversorgung unzureichend) war er eine bequeme Alternative zu den miserablen Straßen, so dass er von 1731 an durchaus rege frequentiert wurde. Die Treckschuten oder Pünten konnten etwa zehn Tonnen Last tragen, sogar ein Postschiff pendelte. Erst die Preußen stellten 1840 den Verkehr ein.

Immer nach Norden – zur Nordsee

Die Stadt lag auf dem „richtigen" Wege, als gegen Ende des 19. Jahrhunderts das Ruhrgebiet an die Nordsee angebunden werden sollte, denn Kohle und Stahl waren strategische Güter. Folgerichtig führt seit 1899 der Dortmund-Ems-Kanal über Münster. Die Arbeiten hatten 1892 begonnen, die Länge beträgt rund 260 Kilometer. Ein Schiffshebewerk und Schleusen regeln das Wasserniveau.

Der münstersche Stadthafen war, was heute überraschen mag, nach Dortmund und Emden der drittgrößte Hafen an dieser Wasserstraße, er fungierte überwiegend als Importhafen. Münster wurde einer der bedeutendsten Getreide-Umschlagplätze für ganz Nordwestdeutschland.

Für Freizeitkapitäne eine ideale und gemütliche Verbindung von einem Ort zum andern. Sie müssen sich neben den „Dickschiffen" den Wasserplatz mit Ruderern und gelegentlich auch Schwimmern teilen.

Teile des Hafens haben in den letzten Jahren ihren Charakter vom Industriegebiet zum Freizeitzentrum gewandelt.

Kneipe mit Kanalblick

Hundert Jahre nach seiner Eröffnung steckt der münstersche Hafen mitten im Umbruch: 350 Schiffe liefen 1997 noch den Hafen an gegenüber 4300 im Jahre 1962 – er hat seine historische Bedeutung als Zulieferer für die Industrie verloren. Kultur statt Kohle, Freizeit statt Futter scheint die Devise zu lauten.

Auf dem Weg in die Stadt passiert der Besucher als Erstes das Stadthaus III am Albersloher Weg, in dem alle technischen Dienste der Stadt konzentriert sind. Stadtwerke, Halle Münsterland, Hotel, Parkhaus und Großkino haben diesem Tor zur Stadt neue Akzente verliehen.

Ein Industriedenkmal unweit der neuen Brücke des Albersloher Weges, das an den Wiederaufbau erinnert: Diese dritte Brücke wurde 1949 aus Trägerteilen der Wehrmachts-Pioniere zusammengeschraubt, die findige Leute der Wasserstraßendirektion im Ruhrgebiet „organisiert“ hatten.

Die neue Brücke am Albersloher Weg hat zwei Väter oder Mütter – zum einen sollte die Einfallstraße (wie seit langem geplant) vierspurig zum Zentrum führen, zum anderen die Kanalerweiterung gleich mit vollzogen werden. So schlägt denn seit 2000 der neue Bogen die Brücke über den Kanal in die Stadt hinein. Der Oberbürgermeister würdigte bei der Freigabe die Brücke als „repräsentatives Eingangstor zum Boom-Viertel Hafen“. Damit war die aus Pionierbeständen zusammengeschraubte Nachkriegsbrücke von 1949 zum Abbruch bestimmt.

„Holiday on Ice“ gehört seit vielen Jahren mit seiner bunt schillernden Eis-Show zum Standardprogramm der Halle Münsterland „zwischen den Jahren“.

Herbert von Karajan dirigierte hier, hier wurde zum Sechs-Tage-Rennen gepfiffen, hier schlug der Zirkus Sarrasani seine Zelte auf, die Rolling Stones und Pur spielten hier, die Luftwaffe tanzt hier bei ihrem großen Winterball: Die Halle Münsterland am Albersloher Weg, die 1926 eröffnet wurde, wurde in den letzten Jahren modernisiert und ausgebaut zu einem Veranstaltungszentrum für Stadt und Region.

Auch optisch gestylt: Von der alten Halle von 1926, die nach dem Kriege im ursprünglichen Stil wiederhergestellt wurde, ist von außen fast nichts mehr zu erkennen.

Münster als Mekka für Motorradfahrer? Seit 1980 Tatsache in der Fahrradstadt Nr. 1, wenn der Kinderhauser Verein „Mot-Treff-Kotten" die Motorradtage organisiert, die Hunderte, ja Tausende von Bikern anziehen. Dazu werden Orientierungsfahrten und Geschicklichkeitswettbewerbe organisiert, dazu gehören die Benzin-Fachsimpeleien ebenso wie der Bikergottesdienst. Höhepunkt ist alljährlich der Corso über den Prinzipalmarkt mit einer dichten Abgashaube in der Guten Stube.

Sehen und gesehen werden – mit Stolz führen die Biker ihre blitzblanken Lieblinge vor.

Die (fast ausgestorbenen) Dinosaurier, die wuchtigen Gespanne, ziehen stets große Aufmerksamkeit auf sich.

Köstlich zubereitete Ehrengaben werden von den Bäckern und Konditoren im Zug zu den Honoratioren der Stadt mitgeführt.

Zum Glück für den Fahnenträger wird der „Gute Montag" nur alle drei Jahre gefeiert, denn was für die anderen Bäcker Vergnugen ist für ihn Schwerstarbeit. Der Brauch des Guten Montags geht der Überlieferung zufolge auf die Türkenkriege 1683 zurück, als Bäcker aus Münster beim nächtlichen Backen einen drohenden Angriff der Türken bemerkten. Zum Dank gewährte der Kaiser ihnen den Guten Montag, und zum Glück übernahm die heimische Gilde diesen Feiertag.

Der Fahnenschlag ist zeremonielle Tradition an mehreren Stationen der Innenstadt – hier vorm Bischöflichen Palais.

Prinz Heiner I. alias Tierarzt Dr. Heiner Hoffmeister aus Coesfeld bei seinem Einzug auf den Prinzipalmarkt am „11. 11."

Gute Stube fest in Narren-Hand

Wolbeck pflegt mit dem Ziegenbocksmontag eine eigenständige Tradition.

Orden sind unter Karnevalisten heiß begehrt.

Die alljährliche fünfte Jahreszeit, wenn die Giebelhäuser schunkeln und Konfetti und Bömbskes fallen, ist nicht jedermanns Sache: Der Karneval, zwangsläufig zwischen dem „11. 11". und Aschermittwoch eingepfercht, bevorzugt, wenn nicht in einem der 33 Vereine und Gesellschaften (darunter uralte) gefeiert wird, Münsters Gute Stube, zwischen Rathaus und Lamberti eben, für die närrischen Traditionsauftritte.

Karneval im Museum: 1986 wurde das erste Karnevalsmuseum in Westfalen im Paohlbürger-Hof neu eröffnet. Es bietet einen Querschnitt durch die Geschichte des Karnvevals.

Auf dem Lambertikirchplatz in der Nähe des Lambertusbrunnens, den Bildhauer Heinrich Bäumer 1909 dem Lambertusbrauch widmete (kriegszerstört), findet der zentrale Tanz um die Pyramide statt.

O Bur, was kost't dien Hei

Ein eigentümlicher Brauch, dessen Ursprung auch Volkskundler nicht genau erklären können – vielleicht eine Mischung aus Handwerksfest und Patronatsfest, altgermanischem Lichterfest und regionalem Tanzfest: Lambertus in der ersten Septemberhälfte pflegt seine eigenen alten Lieder, die um die geschmückte Pyramide von Erwachsenen und Kindern gesungen werden. Das bekannteste „O Bur, was kost't dien Hei (Heu)" ist ein Kettenlied, bei dem der Kirmesbauer sich seine Gefolgschaft aussucht, von der Magd und dem Rüen bis zum Kuocken und Pottlecker. Bei der 25. Strophe „giff wi dem Bur'nen Schupp".

> ***„Guter Freund, ich frage dir, bester Freund, was fragst du mir? Sag mir, was ist eine? Einmal eins ist Gott allein, der da lebt und der da schwebt im Himmel und Erden!"***
>
> LAMBERTUSLIED

Mit dieser Postkarte des Grafikers Waldemar Mallek wurde Geld für den Wiederaufbau des Lambertusbrunnens gesammelt.

Die öffentlichen Märkte – längst Renner in der Gunst der Besucher – sind in Münster ziemliche Spätlinge. Der Flohmarkt auf der Promenade, einer der größten und qualitätsvollsten in ganz Deutschland, entwickelte sich ab 1974 aus einem ersten Kindertrödelmarkt zur heutigen Angebotsvielfalt, die zum Teil schon das Niveau einer antiquarischen Profimesse annimmt. Was geblieben ist – den trödelnden Kindern wird ein Abschnitt der Promenade reserviert.

Verkehrsdirektor Karl-Heinz Henkel, von Haus aus Journalist, war ein kreativer Stadtmanager: 1975 rief er den ersten Weihnachtsmarkt ins Leben, der seine Anziehungskraft ins weite Umland ausstrahlt, ja bis in die Niederlande hinein. Dieser Weihnachtsmarkt im Rathausinnenhof hat in den folgenden Jahren gleichsam „Junge" gekriegt – jeder größere Platz in der Innenstadt ist inzwischen mit einem Weihnachtsmarkt bestückt.

Zwischen Himmel und Erde

Es war das Ballonereignis schlechthin: Münster richtete 1930 die erste internationale Ballonwettfahrt Deutschlands aus – vergleichbar den berühmten Gordon-Bennett-Rennen. 30 Gasballone starteten am 15. Juni von der Loddenheide, mit dabei Ferdinand Eimermacher, Pionier der Ballöner, auf seiner 215. Fahrt. Außer Konkurrenz, aber sehr spektakulär besuchte das Luftschiff „Graf Zeppelin" den Großflugtag. Ballonsport in Münster ist ohne Ferdinand Eimermacher (1881–1961) nicht zu denken. Der bärtige Münsteraner hätte 1928 fast das Gordon-Bennett-Rennen gewonnen, wenn sein Ballon „Münster VIII" nicht in einem Baum gelandet wäre.

Seit Jahren dominiert der Heißluftballon (hier ein Start am Schloss). In Münster gibt es zwei Vereine, die das Ballonfahren pflegen – den Freiballonsportverein (von 1909) und den Montgolfierenclub Gremmendorf (von 1976).

Das große Gemälde eines großen Ereignisses hängt im Stadtweinhaus, Fritz Grotemeyer (gestorben 1947) hat den Massenstart der Ballone festgehalten. Mit einer solchen Postkarte wurde 1956 für den Internationalen Freiballonsporttag in Warendorf geworben.

„Der erfolgreichste deutsche Olympionike aller Zeiten hat durch den Sport viel erreicht. Er hat dem Sport aber auch viel gegeben."
Uwe Peppenhorst, WN-Sportchef, über Reiner Klimke

Voller Konzentration, wie man ihn von den Dressurwettbewerben kennt: Dr. Reiner Klimke

Der Ausnahmereiter

Sein Tod im August 1999 – ein Schock, denn Dr. Reiner Klimke war nicht nur (bis 2000) der erfolgreichste deutsche Olympionike, er hatte vor allem auch Vorbildfunktion im Sport, war Förderer und Berater. Münsters Ehrenbürger (1986) war nur 63 Jahre alt geworden. Allein sechs Goldmedaillen bei den Olympischen Spielen, vier bei Weltmeisterschaften, sieben bei Europameisterschaften stehen auf der Erfolgsliste des Dressurreiters. Seine Pferde wie Ahlerich hatten einen legendären Ruf. „Reiner Klimke hat maßgeblich dazu beigetragen, dass das Turnier der Sieger Anfang der 80er Jahre seine größte Krise überstand", urteilte Springreiter Hendrik Snoek.

Überdimensionale Steckenpferde werben alljährlich für das Turnier der Sieger.

Früh übt sich: Es gibt in Münster (neben zahlreichen Reiterhöfen) 16 Reit- und Fahrvereine mit fast 4000 Sportlern und Förderern, die sich vor allem der Förderung des reiterlichen Nachwuchses verschrieben haben.

Es ist eine der imposantesten Kulissen eines Reitturniers: Das Schloss bildet den Rahmen für das Springreiten beim traditionellen Turnier der Sieger. Traditionell – 1955 bereits fand das erste Turnier noch in recht bescheidenem Rahmen statt. Als Großereignis der deutschen Reiterei zieht es alle großen Namen an, es ist bei den Reitern eine der ganz großen Adressen. Seit Jahren ist das Turnier der Sieger eng mit dem Namen der Familie Snoek verbunden.

Nicht nur sportliche Wettkämpfe gehören zum Turnier der Sieger, sondern auch Showauftritte vor der Schlosskulisse – wie die mächtigen französischen Kaltblüter (links) oder die Kutsche mit Haflingern.

Mitreißende Stimmung herrscht in der Sporthalle Berg Fidel, wenn der USC spielt, die „Unabhängigen“, wie sich die Volleyball-Damen nennen. Als Universitäts-Sport-Club hatte die Vereinsgeschichte 1961 begonnen, 1982 erfolgte die Trennung von der Universität. Deutscher Meister und Vizemeister, Deutscher Pokal und Europapokal – es gab Jahre wie 1992, da hatten die USC-Damen auf Sieg abonniert. Die anfeuernden heimischen Volleyball-Fans haben sicherlich ihren Anteil daran.

Fast, um ein Haar, mit etwas Glück – so steht in der Vereinsgeschichte des SC Preußen 06 „nur“ deutscher Vizemeister. Im Endspiel unterlagen die Preußen im Berliner Olympiastadion dem 1. FC Kaiserslautern mit 1:2. Es war der 30. Juni 1951, ein legendäres Datum in der Geschichte des Traditionsvereins. „Zum Triumph fehlte am Ende nur ein Quäntchen Glück“, hieß es in der Zeitung. Für die Fans waren auch Vizemeister wahre Meister, sie geleiteten ihre Fußballer ab Rheda in einem Autokorso nach Münster. Von diesen Zeiten träumen die Preußen heute noch.

Radsport scheint Münsteranern und Münsterländern in die Wiege gelegt zu sein, zumindest die fachmännische Begeisterung für das Abstrampeln anderer. So wurden die rasenden Radler des Giro d'Italia und des Rennens Groningen–Münster mit großem Enthusiasmus empfangen. Wobei das Kopfsteinpflaster des Prinzipalmarktes für die Sportler schon eine harte Prüfung darstellte. Radsport geht in Münster zurück bis zu Bernard Knubel, der 1896 bei den ersten Olympischen Spielen der Neuzeit in Athen auf seinem Rennrad antrat. Radsport hat auch mit den 32 Sechs-Tage-Rennen (1987 das letzte) in der Halle Münsterland zu tun.

„Der Radsport hat in Münster ganz tiefe Wurzeln."
BERND SCHIRWITZ, Leiter des Sportamtes

1550 ist das Entstehungsjahr dieses Speichers auf Haus Kump in Mecklenbeck, belegt durch Holzuntersuchungen. Seine Bauweise – massiv, türlos, kleine Fenster – lässt darauf schließen, dass er auch als Wehrspeicher diente. Er ist letzter baulicher Zeuge eines größeren Gräftenhofes.

Kronprinz speist beim Bauern

Der Prinz hatte den Wunsch geäußert, ein ächt westfälisches Bauernhaus zu sehen. Schnell hatten die Damen der haute volée einen Plan entworfen, dem liebenswürdigen Gaste dort ein Fest zu geben. Bei einem Schulzen, zunächst bei Münster, wurde es eingerichtet. –
Das schrieb der Wirkliche Geheime Rat Georg Wilhelm Keßler über den Besuch von Kronprinz Friedrich Wilhelm 1817 auf dem Hof – ja, es ist der Hof Schulze Dieckhoff in Kinderhaus, 1171 erstmals urkundlich erwähnt und inzwischen mindestens in der 14. Generation im Familienbesitz. Der Hof ist nicht nur einer der ältesten in Münster, er besitzt auch das älteste Bauernhaus aus der Zeit um 1700, „architektonischer Höhepunkt“ der Hofanlage.

Der Hof Schulze Dieckhoff in Kinderhaus wird von der Giebelwand des Haupthauses geschlossen, das Gefache besteht aus rotem Klinker, zumindest die Holzkonstruktion entstammt der Zeit um 1700.

„Die Wasserburgen gehören noch heute zu Westfalens bestem Schmuckbesitz. Am schönsten sind sie, wenn ihre Mauern unmittelbar aus dem Wasser aufzusteigen scheinen.“

Werner Bergengruen

Haus Brock weit im Westen der Stadt wirkt verwunschen – es sind die steinernen Überreste einer einst mächtigen Wasserburg, die im 17. Jahrhundert neu errichtet wurde. Davon zeugen heute noch das lang gestreckte Torhaus mit dem Wappen überm Torbogen und der „Speicher“, der ein Eckpavillon war. Alles andere liegt als Grundmauer im Boden, die Größe der Anlage ist nicht bekannt.

Vom alten Haus Brock sind nur zwei Gebäude erhalten: Das Torhaus schützte die von einer Gräfte umgebene Wasserburg gegen ungebetene Gäste. Das Torhaus von Brock gilt bei Denkmalpflegern als eines der bedeutendsten in Westfalen.

Die Lage des Eckpavillons weist darauf hin, dass die einstige Anlage dieser Wasserburg sehr groß gewesen sein muss.

Am Rande der bäuerlichen Kulturlandschaft ziehen sich die Rieselfelder hin, mit den unzähligen Flachwassertümpeln ein Dorado für eine Fülle von Wasservogelarten – von den berühmten Kampfläufern bis zu Bekassinen und Brandgans, Wasserralle und Rohrweihe, die auf der „Roten Liste" gefährdeter Arten stehen.

Porträt einer Bekassine

Es ist eine Konversion der besonderen Art: Aus der stinkenden Abwasser-Kloake der Großstadt Münster wurde ein als Europareservat (seit 1978) geschütztes Vogelparadies. Nur der Name „Rieselfelder" in der Coerheide und Gelmerheide erinnert noch an die einstige Bestimmung als riesige Freiluftkläranlage, die von 1901 bis 1975 betrieben wurde. Aber gerade diese andauernde Berieselung zog ab den 1960er Jahren die Vogelwelt an, die hier inmitten der Myriaden von

Fliegen- und Mückenlarven einen reich gedeckten Tisch fand – aus der flachen Seenplatte wurde der größte Rast- und Mauserplatz für binnenländische Watvogelarten in Deutschland. Es ist ein Paradies aus zweiter Hand, das von Naturschützern und Ornithologen allerdings gegen den nachhaltigen Widerstand der Stadt Münster erkämpft werden musste. Die internationale Bedeutung der Rieselfelder kann die Biologische Station mit Zahlen und Zählungen belegen.

Ständige Bewegung – wassernde und auffliegende Möwen

„Wenn ich heute an meine Heimat denke, so sehe ich wieder diese weite Ebene mit Roggenfeldern, sehe diese Weiden mit braungefleckten Kühen, Kämpe, durch grüne Wallhecken voneinander getrennt, dass der Wind, der über das Land vom Meer her weht, an ihnen zur Ruhe komme, Wiesen mit grasenden Pferden, die alten Bauernhöfe, und all dies überdeckt von einem blauen niedrigen Himmel, durch den im Sommer die weißen Wolken ziehen, alles dies überschüttet von Licht ...“

ADOLF VON HATZFELD, Schriftsteller

Die Landwehr an der Bösenseller Straße ist ein markantes Bodendenkmal.

Wirkt heute noch mächtig und abschreckend – die Landwehr an der Bösenseller Straße zwischen Albachten und Roxel: Anfang des 14. Jahrhunderts wurde diese breite Kombination aus Wällen und Gräben angelegt, um feindliche Fremde abzuwehren und nach innen das Territorium zu festigen. Und sie diente natürlich auch fiskalischen Zwecken: An den Durchlässen wurden Zölle kassiert.

*„Ich bin
ein Westfale,
und zwar
ein Stockwestfale,
nämlich
ein Münsterländer –
Gott sei Dank!"*

Annette von
Droste-Hülshoff

In hohem Grade friedlich, hat sie doch nichts von dem Charakter der Einöde, vielmehr mögen wenige Landschaften so voll Grün, Nachtigallenschlag und Blumenflor angetroffen werden, und der aus minder feuchten Gegenden Einwandernde wird fast betäubt vom Geschmetter der zahllosen Singvögel, die ihre Nahrung in dem weichen Kleiboden finden.

Annette von Droste-Hülshoff *(Westfälische Schilderungen)*

Chronik

793
Der friesische Missionar Liudger gründet auf dem Horsteberg ein Monasterium – das spätere (etwa ab 1100) Münster löst das sächsische Mimigernaford ab.
805
Liudger wird Bischof, das Bistum Münster wird gegründet.
1121
Herzog Lothar von Supplinburg, ab 1125 Kaiser, legt Münster in Schutt (Investiturstreit).
Um 1200
Der Bau der Stadtmauer ist vollendet, die Stadtgrenzen Münsters sind damit abgesteckt.
1264
Der dritte (heutige) Dom wird durch Bischof Gerhard von der Mark geweiht.
Nach 1380
Der Rathausgiebel ist vollendet.
1532
Im Zuge der Reformation ist Münster bis auf das Domkapitel protestantisch geworden.
1534
Die Wiedertäufer nehmen Besitz von der Stadt, errichten das Neue Jerusalem.
1535
Bischof Franz von Waldeck erobert die Stadt und richtet die Anführer der Wiedertäufer hin.
1648
Der Westfälische Frieden in Münster und Osnabrück beendet den Dreißigjährigen Krieg. Am 15. Mai wird der Vrede van Munster zwischen den Niederlanden und Spanien ratifiziert – im Friedenssaal.
1661
Im Kampf um die Reichsunmittelbarkeit unterwirft Bischof Christoph Bernhard von Galen (Kanonenbischof) die Stadt. Bau der Zitadelle auf den Befestigungsanlagen.
1758
Im Siebenjährigen Krieg wird Münster belagert, besetzt und schwer beschädigt.
1773
Minister von Fürstenberg gründet die Universität, die 1780 den Lehrbetrieb aufnimmt.
1775
Münster erstes Theater, das Komödienhaus am Roggenmarkt, wird eröffnet.
1779
Die Familia Sacra der Fürstin Amalie von Gallitzin († 1808) wird berühmt.
1797
Auf Burg Hülshoff wird Annette von Droste-Hülshoff geboren († 1848 auf der Meersburg).
1802
Der preußische Marschall Blücher besetzt Münster, das 1806 napoleonisch wird. 1813 wird Münster von den Preußen zurückerobert.
1816
Münster wird Hauptstadt der neuen preußischen Provinz Westfalen.
1818
Die Universität wird aufgelöst zu Gunsten von Bonn.
1848
Mit einer Bahnlinie nach Hamm erhält Münster Anschluss an das Eisenbahnnetz.
1875
Professor Hermann Landois gründet den Zoologischen Garten.
1899
Der Dortmund-Ems-Kanal und der münstersche Hafen werden eingeweiht.
1902
Die Stadt erhält erneut eine Universität zunächst mit vier Fakultäten, ab 1907 Westfälische Wilhelms-Universität genannt.
1924
Mit dem Rundfunksender Münster auf Welle 410 beginnt das Radiozeitalter.
1939 bis 45
102 Luftangriffe verwandeln Münster in Schutt und Asche.
1941
Bischof Clemens August von Galen hält in der Lambertikirche seine berühmten Predigten gegen die Euthanasie.
1953
Gründung des Landschaftsverbandes Westfalen-Lippe, er führt die Aufgaben des alten Provinzialverbandes weiter.
1956
Die Welt feiert den Theaterneubau als befreienden Donnerschlag.
1958
Kaufleute und Bürger weihen das rekonstruierte Rathaus ein.
1961
Mit der Bockwindmühle steht das erste Gebäude des heutigen Freilichtmuseums.
1975
Die kommunale Neuordnung vergrößert Münster um 62 000 Einwohner und 228 Quadratkilometer.
1989
Das Stadtmuseum wird eröffnet.
1993
Die Stadt feiert ihren 1200. Geburtstag.
1998
Zur 350-Jahr-Feier des Westfälischen Friedens kommen die gekrönten Häupter Europas nach Münster.

Stichwortverzeichnis

Dank

Für Anregungen, Hinweise, Korrekturen ist vielfältiger Dank zu sagen, unter anderem an Historiker *Karl-Heinz Kirchhoff*, an *Michael Kappel, Mechthild Mennebröcker* und *Gunnar Pick* vom Denkmalpflegeteam der Stadt Münster, *Ulrich Wollheim* von der Droste-Gesellschaft, *Norbert Frie* von der Uni-Pressestelle, Professor *Harald Fuchs* vom Physikalischen Institut, *Beate Köster* von der Neutestamentlichen Textforschung, *Uwe Koch* von der Sparkasse, *Frank Tafertshofer* vom Landschaftsverband, Professor *Heinz-Lothar Grob* von der Wirtschaftsinformatik, *Helge Nieswandt* vom Archäologischen Museum, *Michael Harengerd* von der Biologischen Station, *Ewald Niermann* vom Heimathaus Sprakel, *Jürgen Böckling* von der Stadt Münster, *Agnes Szymanski* vom Gästeführerteam.

Fotonachweis

Matthias Ahlke Seite 2, 123; Gerd Heinrich Kock 10; Stadtmuseum – Samek 13, 65, 147; Oliver Werner 14, 47, 168; Stadt Münster 20; Archiv Borgas 26; Friedrich Hundt 27; Bernhard Kils 34, Landesmuseum – Wakonigg 51; Katasteramt Münster 58,Vorsatz hinten; Lackmuseum 100; Naturkundemuseum 103; Allwetterzoo 108, Archiv Breider Allwetterzoo 111; Prof. Harald Fuchs 114; Prof. Tilman Spohn 115; Dr. Karsten Piepjohn 116; Prof. Dieter Joachim von Willert 117; Rudolf Krause 118; Neutestamentliche Textforschung 119; Asia Minor 121; Bettina Goczol 132; Helge Tscharn 136; Karstadt AG 138; Knubel GmbH 140; Droste-Gesellschaft 144; Michael Grottendiek 148; Stadtwerke 160; Sven Frost 177, Biologische Station 178/179. Alle anderen: Andreas Lechtape.

Literaturauswahl

Werner Albsmeier: Münster, Metropole Westfalens, Münster 1981; Biologische Station: Europareservat Rieselfelder, Münster 1984; Hans-Peter Boer: J. C. Schlaun, Münster 1995; Liselotte Folkerts: Münster. Nicht immer war es Liebe auf den ersten Blick, Dülmen 1992; Niels Gutschow: Dokumentation Wiederaufbau, Münster 1982; Karl Hagemann: Schöne Kirchen im Münsterland, Münster 2001; Bernd Haunfelder: Die Nachkriegszeit 1945–1965, Münster 1993; Bernd Haunfelder: Bernard Knubel, Eine Chronik, Münster 1995; Bernd Haunfelder: 150 Jahre Verein der Kaufmannschaft zu Münster von 1835, Münster 1985; Bernd Haunfelder, Ute Olliges: Die Promenade, Münster 1994; Jan Hawkins: Münster, 10. Oktober 1943, Münster 1983; Franz-Josef Jakobi (Hg.): Das Krameramtshaus zu Münster 1589–1989, Münster 1989; Sabine Jarnot: Die Salzstraße, Münster 2001; Karl-Heinz Kirchhoff: Der Prinzipalmarkt, Münster 2001; Erhard Obermeyer: Universität Münster, Münster 1992; Paul Pieper, Ina Müller: Das Paradies des Domes, Münster 1993; Ursula Richard-Wiegandt: Das neue Münster, Münster 1996; Otto-Ehrenfried Selle: Rathaus und Friedenssaal, Westfälische Kunststätten 93, Münster 2002; Stadt Münster: Promenade – Der grüne Ring um die Altstadt, Münster 1990; Stadtmuseum: Der Hafen von Münster – 100 Jahre Dortmund-Ems-Kanal, Münster 1999; Stadtmuseum: Dreiunddreißig Geschichtsbilder, Münster 1993; Stadtmuseum: 1200 Jahre Send, Münster 1986; Kerstin Ullrich: Im Land der großen Kaffeekannen, Münster 1992; Wolfgang Weikert, Bernd Haunfelder: Café Schucan, eine Legende, Münster 1995; Westpreussisches Landesmuseum: 25 Jahre Westpreußisches Landesmuseum, Münster 2000; Christa Wilbrand: Die Halle Münsterland 1926 bis 2001, Münster 2002; Zooverein: Von Landois zum Allwetterzoo, Münster 2000.

Lektorat:
Winfried Daut

Gesamtherstellung: Aschendorff Medien GmbH & Co. KG, Druckhaus – Münster, 2002

Gedruckt auf säurefreiem, alterungsbeständigem Papier ♾

ISBN 3-402-06512-6

Münster in Westf.
Fliegerschaubild der inneren Stadt
1928
Wichtigere Bauten
1. Dom
2. St. Lambertikirche
3. Dominikanerkirche
4. Erlöserkirche
5. St. Servatiikirche
6. Clemenskirche
7. Synagoge
8. St. Ludgerikirche
9. St. Aegidiikirche
10. Überwasserkirche (Liebfrauen)
11. Apostelkirche
12. St. Martinikirche
13. Schloß
14. Bischöfl. Palais
15. Weihbischöfl. Palais
16. Koll. Ludgerianum
17. Westf. Wilhelms-Universität
18. Landesmuseum
19. Hauptpostamt
20. Koll. Borromäum
21. Konsistorium
22. Regierung
23. Reichsbankstelle
24. Stadthaus
25. Rathaus
26. Stadtweinhaus
27. Städt. Gymnasium u. Realgymnasium
28. Städt. Sparkasse
29. Clemenshospital
30. Marienhospital
31. Landeskulturamt
32. Annette-von-Droste-Hülshoff-Schule
33. Ehem. Aegidiikaserne
34. Landesversicherungsanstalt
35. Stadtbad I
36. Zoologischer Garten
37. Prov.-Museum für Naturkunde
39. Land- u. Amtsgericht
40. Anatomisches u. Physiologisches Institut
41. Paulinisches Gymnasium
42. Priester-Seminar
43. Oberpräsidium der Prov. Westfalen
44. Offizierheim
45. Standortlazarett
46. Finanzamt
47. Buddenturm
48. Deutsches Studentenheim
49. Städt. Gewerbeschule
50. Zwinger
52. Lotharinger Kaserne
53. Stadthalle
54. Stadttheater
55. Krameramtshaus
56. Hauptzollamt
57. Städt. Oberrealschule
58. Freiherr-v.-Stein-Schule
59. Staatsarchiv
60. Landeshaus
61. Reichsbahndirektion
62. Hauptbahnhof
63. Bahnpostamt
64. Industrie- und Handelskammer
65. Kreishaus
66. Landwirtschaftskammer
67. Landschaft der Provinz Westfalen
68. Baugewerkschule
69. Botanisches Institut
N
S
W
O
Angeregt und unterstützt wurde die Arbeit durch Vermessungsdirektor Clemens Brand, gefördert durch Oberbürgermeister Dr. Dr. h. c. Georg Sperlich. Die
Druck von C. G. Blanckertz Düsseldorf